Antes que reinicie la BATALLA,
La historia de una profunda lucha
de reconstrucción inteiror

**REGISTRO DE DERECHO DE AUTOR
EN TRÁMITE**

D.AD. ANTONIO ARENAS CEBALLOS
Facebook / Youtube. Anttonio Arenas PSICOTERAPEUTA
Twiter. @AntonioArenasC3
Instagram. Antonio Arenas Ceballos
Arenaspsicotarapeutas.com

Copyright © 2024 Antonio Arenas Ceballos
VILLAHERMOSA TABASCO, MEXICO
PRIMERA IMPRESIÓN. Diciembre 2024

Queda estrictamente prohibida la reproducción total o parcial de este libro por cualquier medio electrónico, mecánico, auditivo, video o digital, sin autorización por escrito del autor.

Antes que reinicie la
BATALLA
**la historia de una profunda
lucha de reconstrucción interior**

D.AD. Antonio Arenas Ceballos

Antes que reinicie la BATALLA,
La historia de una profunda lucha de reconstrucción interior

CONTENIDO

DEDICATORIA 5

PRÓLOGO 10

   CAPITULO I. ATRAPADO EN UN GRAN PROBLEMA 14

   CAPITULO II. ALIMENTO LO QUE ESPERO 21

   CON LO QUE CREO 21

   CAPITULO III. SALIR DEL FONDO ES UN PROCESO 27

   CAPITULO IV. REINICIAR. ORDEN Y DISCIPLINA 35

   CAPITULO V. DE LOS ESTOICOS 43

   CAPITULO V. 1. EMPEZAR POR LA MAÑANA 50

Escribir un diario 51

Dar un paseo 54

Haz un trabajo profundo 56

   CAPITULO V. 2. ENFÓCATE EN LO QUE ESTÁ BAJO TU CONTROL
.... 60

   CAPITULO V. 3. NO SUFRAS POR PROBLEMAS IMAGINARIOS. 65

   CAPITULO V. 4. TRATA EL ÉXITO DE LA MISMA MANERA QUE EL FRACASO 78

CAPITULO V. 5. SOLO HACER UNA COSA A LA VEZ 86

CAPITULO V. 6. TOMAR DECISIONES 92

   CAPITULO V. 7. ¿ES NECESARIO? 98

   CAPITULO V. 8. AMA TU DESTINO 102

   CAPITULO V. 9. HABLA CON LOS MUERTOS 107

   CAPITULO V. 10. SÉ DURO CONTIGO MISMO Y COMPRENSIVO

CON LOS DEMÁS... 119

CAPITULO V. 11. DAR LA VUELTA A LOS OBSTÁCULOS 124

CAPITULO V. 12. RECUERDA: MUERES TODOS LOS DIAS....... 130

CAPITULO VI. EL MUNDO ES UN PUENTE ANGOSTO, LO IMPORTANTE ES NO TENER MIEDO *136*

CAPITULO VII. TU PODER RADICA EN MI MIEDO......................................*142*

CAPITULO VIII. CUANDO EL SISTEMA SE DERRUMBA, LOS LÍDERES SE LEVANTAN *148*

CAPITULO IX. EL ROSTO DEL DOLOR Y EL VALOR DE LA TERNURA *155*

CAPITULO X. SERENIDAD EN LA TORMENTA DE LA INCERTIDUMBRE *160*

CAPITULO XI. LA BELLEZA DE LAS CICATRICES *166*

CAPITULO XII. UN FARO QUE ILUMINA..*171*

CAPITULO XIII. EL ARTE DE ENVEJECER, LA VICTORIA DE SOLTAR Y FLUIR *180*

CAPITULO XIV. LA HISTORIA CONTADA DESDE EL AUTOR *183*

Bibliografía..*187*

DEDICATORIA

Fui forjado en el amor desde múltiples expresiones del mismo, y me edificaron como una espada única e irrepetible. Mi temple me ha permitido librar batallas, participar en grandes combates y, en el tiempo, aprender más allá de competir continuamente. Dedico esta obra a mis familias, Arenas y Ceballos, un linaje donde el potencial se encuentra con la nobleza, la fuerza, la entereza y la intensidad, del temple lento, con sabiduría. Todos constituyeron como molde, el fuego que forjó mi acero y el martillo que lo moldeó y afiló, dio forma para enfrentar las batallas de la vida con valentía, entereza y propósito. Finalmente. La vida me ha dado el filo necesario para sobrevivir entre batallas, caídas, levantadas, lucha, esfuerzo, compromiso, angustias y miedos. Todo esto envuelto en un empezar y un reempezar continuó bajo la mística de: ""¡si te caes, te levantas!". Además, con la opción de que: "¡si te vuelves a caer, es simple, te vuelves a levantar!". Tanto como sea necesario, levantarse una vez más.

La historia no podría ser sin ti. A mi amada y siempre recordada abuelita Elenita, quien fue el molde, la esencia, quien nos da el sentido y la orientación, en mí, quien esculpió la empuñadura de mi ser. Con el ejemplo de solidaridad, trabajo, respeto y amor. Cada palabra emitida representó un grabado en la madera; cada consejo, un diseño tallado con amor y paciencia. Ella dijo varias veces: "eres una espada con estrella", y en ese compromiso se encuentra mi actuar, mi esencia. Llenaste mi vida del más profundo e intenso amor y tus reflexiones eran la sabiduría necesaria para poder encarar muchas de las vivencias. Soy en mucho tu consecuencia.

A mi madre, María Liliam, y a mi padre, Antonio, los forjadores que amalgamaron mi metal, endureciendo mi acero y dieron filo con sus enseñanzas, con su ejemplo, con su compartir y coincidir. Sin quebrantarla, templándola con el calor de sus valores y el frío del aprendizaje, con pequeños golpes certeros que devastaban los errores y potenciaban el filo. En todo momento, en su estilo, en su contexto, cuidaron que me superara, que fuese feliz y que al final entendiera que, las mejores cosas de la vida son las que se construyen, las que se edifican. Hoy sus cuerpos no están presentes, pero su esencia se ve en mi actuar, en mis reacciones, en mi vida.

Espejo de mucho de lo que soy, tu recuerdo, tus palabras, tus enseñanzas, con amor para ti. Hoy te menciono con orgullo y con honor, mi amado tío - padrino Diego Ceballos Pananá, en mis ojos, un hombre que vivió intensamente, con batallas cruentas, fuerte y vivo. Un hombre recio, de gran nobleza y de palabra inquebrantable, cuyo ejemplo y expresiones, se han convertido en el acero que sostiene mis pasos. —La vida buena es cara, la hay más barata, pero no es vida—. Filosofo, poeta de tu tiempo, un hombre lleno de sabiduría, de experiencia, de vivencias, siempre tan pleno, tan cálido, tan amoroso conmigo, en todo momento, en todo contexto, aun en la adversidad, me enseñaste que no toda batalla era necesaria, aunque a bien de ser sincero, *en el momento de la lección, no la entendí*. "Hombre de una sola pieza, de una sola posición y de una palabra", único como solo tú.

Una batalla no se recorre en soledad. —Si vas cerca, ve solo, no pierdas el tiempo; si vas lejos, rodéate de mejores, esos que enriquezcan tu vida, tu esfuerzo, tu valor y compromiso—. Indiscutiblemente, quién ha acompañado mis locuras, batallas, triunfos y derrotas es Georgina Díaz Sánchez, mi compañera en las batallas más complejas, cuya paciencia, aliento, templanza y sentido de la orientación son la armadura que me protege en los momentos más difíciles, los de mayor vulnerabilidad. Tu capacidad para dar la palabra justa y el impulso necesario en el momento exacto ha sido mi guía en los días más oscuros; tu respaldo es mi fuente de vida, de energía y poder. Compañera de locuras, trampolín en los momentos difíciles, remanso de paz, mi parte cuerda.

La vida me dio la oportunidad de tener el segundo título por elección más valioso en mi vida. Tú lo representas, el legado que te dejamos tu madre y yo te acompañará a lo largo de tu vida. Jorge

Antonio, el metal joven que aún está en la forja. Eres la promesa de grandes hazañas, un filo que se fricciona con cada experiencia, con cada lucha, en cada decisión. Recuerda que la verdadera grandeza de una espada no está en su brillo o su dureza, tampoco en su fuerza o fiereza. Su verdadero valor radica más en la manera en que te levantes tras golpes adversos que de la vida, así como en la capacidad de elegir sus batallas, no todas son batallas. Aprende que, no todas las batallas requieren desenvainar la hoja; algunas se ganan con la prudencia de saber cuándo mantenerse en la vaina. Otras, tan solo con la presencia y la fama de batallas anteriores, serán superadas. Cuida las batallas internas, cuida tus pensamientos, lo que sientes y cómo reaccionas. Alia a tus miedos, comunícate y evita generar incertidumbres, no son sanas.

Con enorme respeto, dedico este documento a la Dra. Silvia Guillermina Roldán Fernández, estratega, intensa, fuerte, noble, con un enorme sentido humano, una espada de batalla. Gracias por en todo momento ser respaldo de mi actuar, por soportar (como sostén y como aguante), por enseñar, por la fuerza, la entereza. Por enseñarme que cuando se requiere trabajar, todos los días pueden ser lunes a las 8.00 a. m., pero por sobre todas las cosas, por nunca dejar de ser humana, cálida, clara. Para mí un gran respaldo como autoridad, como persona y como amiga, este documento es un poco un cierre de un ciclo en el que usted representó un componente importante y trascendental. Mi cariño y respeto por siempre.

En el gran campo de batalla que es la vida, cada guerrero enfrenta sus propias sombras, su lado oscuro: en ellos van sus culpas, miedos e incertidumbres; la depresión, como un oponente astuto, busca corroer el filo del autoconcepto, debilitando la esencia misma de cada ser. Esto puede reflejarse como consecuencia cuando se presenta el error, fallar o estar fuera de las expectativas esperadas, resultado de las pérdidas. Solo que, así como la espada se afila tras cada combate, nosotros también encontramos las oportunidades de sobreponernos a lo adverso, a lo complejo. Está en la resiliencia nuestra capacidad de volvernos más fuertes. La neuroplasticidad, invisible y constante, nos recuerda que cada impacto, cada momento de quiebre, es también una oportunidad para remodelarnos y ser más fuertes que en la intención anterior.

En este libro, Alex Espada es el símbolo de esa lucha. Es la extensión del guerrero de las batallas medievales, un reflejo de sus ideales, sus temores y su valentía. No todas las batallas se ganan con el filo; algunas se vencen con la voluntad de permanecer erguido, incluso cuando el peso de la armadura parece insoportable. Como toda espada medieval, Alex debe someterse al calor de la prueba, al golpe del martillo y al enfriamiento que fortalece. En su hoja, cada rasguño cuenta una historia llena de valor, entereza, voluntad, un espacio donde se vencen los miedos; en su empuñadura, cada surco habla de las manos que la han sostenido. Todos podemos ser un Alex, y el campo de batalla es una oportunidad para aprender, desarrollarse y crecer. Potenciamos tantas herramientas como hemos sido dotados y otras tantas con las que hemos aprendido a vivir.

Gracias a la Ing María Avendaño por confiar en esta historia y darle parte de vida. Que este documento sea el recordatorio de que la lucha en la vida y por la vida es constante, pero también lo es la posibilidad de reconstruirnos en todo momento y espacio. Somos una espada lista para la batalla, forjada por manos de origen, aquellos quienes amamos y templadas en las llamas de nuestras experiencias. Este es un relato, basado en una metáfora, una narrativa que permite un intercambio abierto, claro y directo. Ahora es el momento de salir de la funda, erguidos, firmes e íntegros, listos para enfrentar lo que venga. Que comience la nueva batalla.

Sea esta obra una ofrenda de honor y gratitud.
Sea un espacio de agradecimiento abierto y sincero.
Sea un espacio para coincidir.

Bienvenid@s.

Antes que reinicie la BATALLA,
La historia de una profunda lucha de reconstrucción interior

El hombre no está preocupado
tanto por sus problemas reales
como por sus
ansiedades imaginadas
sobre los problemas reales.

Epicteto

PRÓLOGO

Llegará el momento en que creas
que todo ha terminado.
Ese será el principio.

Epicuro

Era una batalla intensa, filo a filo, cuerpo a cuerpo, cara a cara. La sangre se esparcía sobre la tierra, resultado de un enfrentamiento duro y cruel, sin tregua, espadas perforando pechos y haciendo volar cabezas. Se peleaba por la tierra, por el honor, por ser temidos y respetados. Los ejércitos eran los instrumentos de conquista; los reyes, emperadores y gobernantes utilizaban a sus guerreros más entrenados y poderosos para intimidar a rivales y someter a los pueblos vecinos. En estas contiendas, los fuertes vencían a los débiles. La sumisión, el miedo y la incertidumbre servían para controlar a los pueblos y a sus familias. Esta batalla no era diferente a tantas otras; quizás eran nuevos territorios y guerreros, pero la consigna era la misma: ganar o perder, demostrar la supremacía, el poder.

La contienda se alargó más de lo planeado por el gladiador, la fuerza y resistencia del ejército enemigo habían sido subestimadas, la batalla así lo reflejaba. Alex Espada ya había dado muerte a más de una decena de hombres, y la adrenalina corría por su cuerpo intensamente, transmitiéndola a Alex, quien en la mano de su guerrero se movía ágil, certeramente. El combate era implacable, y aunque los guerreros rivales eran fuertes, el cansancio comenzaba a hacer mella en todos. Los guerreros mejor preparados ganarían esta contienda. Las espadas, escudos y armaduras pesaban más con cada minuto de esfuerzo, el calor era intenso. Los guerreros luchaban sin descanso, despiadados. A pesar de la nobleza expresada en la vida cotidiana, en los espacios de guerra eran implacables. En la furia del combate, las espadas se cruzaban entre sí, se entrelazaban con árboles, piedras y armaduras, afectando su filo, el temple, e incluso provocando que algunas hojas fallaran. Alex Espada era una espada fuerte y joven, al grado de lo irreverente, se creía inmortal, la adrenalina lo desbordaba. Hecha de una aleación de metales, filosa y resistente, parecía invencible, se erguía fuerte como extensión de su guerrero. Pero serían las batallas las que pondrían a prueba esa creencia, exponiendo las debilidades que solo el fragor del combate podía revelar. A pesar de los mitos de invulnerabilidad, la fragua y el fundido siempre estaban en juego.

La batalla finalmente llegó a su fin, vencedores y vencidos honraron el desenlace; los pocos guerreros enemigos que quedaban retrocedieron, dejando tras de sí un campo de muerte, miedo y dolor. El guerrero alzó a Alex Espada en señal de victoria. Los vencedores comenzaron a reclamar el botín, las espadas de los caídos, el territorio conquistado, tomaban todo lo que encontraban a su paso. Ser la espada de un gran guerrero era un orgullo único. Alex era la extensión de un líder vencedor, un guerrero excepcional. Tras la batalla, llegaba el ritual: la limpieza de las telas, fundas y ropas, el aceitado y pulido de las armas. La espada debía ser firme, con una empuñadura que permitiera comodidad, para que el guerrero la manejara firme, fuerte, ágil, libre, como una extensión de su cuerpo.

Después de la posesión y el saqueo, algunos guerreros emprendieron el regreso a casa y poco a poco en grupos regresaron la mayoría, dejando a un grupo al nuevo manejo del territorio. El camino era largo y agotador. Tres días después, con tres espacios de descanso, llegaron a su reino. Al llegar, fueron recibidos como héroes, y la comunidad celebró su nueva conquista. Era tiempo de descansar, de dejarse agasajar, limpiar las armaduras y alimentar a los caballos. La fiesta se extendió entre vino, comida, cánticos, bailes y vítores, mientras los niños observaban con admiración a los guerreros, emulando con algunas maderas largas, las batallas que los adultos festejados habían librado. Las espadas de los vencedores se clavaban en la arena ya limpias, eran exhibidas como símbolos de poder, entre ellas, al centro, Alex Espada, que brillaba fuertemente bajo el sol.

Las espadas medievales representaban virilidad y fuerza, siempre listas para la acción, prestas para que en cualquier momento fuesen tomadas por su guerrero e iniciaran la lucha. Para Alex, el descanso entre batallas era breve, pero lo consideraba necesario. Los esgrimistas cuidaban de sus espadas, revisando su filo, equilibrio, peso y temple. Los guerreros tenían claro que la vida o la muerte podían depender de la eficacia de su arma. Cada tajo debía ser certero, capaz de cortar cabezas, brazos o piernas, o de atravesar corazones, su eficacia tenía relación con esos momentos de descanso.

Las armas también jugaban un papel crucial en los llamados Juegos Medievales, donde los guerreros en formación demostraban sus habilidades, fuerza y estrategia. En esas competencias, permitía el fortalecimiento de su formación, y generar pequeños triunfos de honra. Las espadas especiales pasaban a ser parte de una colección de metales sin dueño, acumulados en las armerías a la espera de ser reclamadas por un nuevo aspirante a guerrero.

Los espaderos, grandes artesanos de la época, eran socorridos antes y después de cada batalla. Eran ellos quienes fabricaban las espadas, armaduras y escudos, y quienes tenían la responsabilidad de asegurar que cada arma estuviera en perfectas condiciones para la guerra. Tras cada batalla, los guerreros confiaban en ellos para reparar cualquier daño sufrido por sus armas.

Después de la celebración, el guerrero que empuñaba a Alex regresó a su hogar. Cansado y embriagado, colocó a Alex al pie de su cama, sabiendo que al día siguiente la llevaría al espadero para su revisión. Esa noche, el sueño profundo llegó rápidamente, cobijando el cansancio de la ardua batalla y del largo viaje de regreso. A la mañana siguiente, el guerrero se dirigió al taller del espadero, llevando consigo a Alex Espada, un escudo y varias armas menores.

El espadero, como de costumbre, revisó cada pieza con minuciosidad. Al tomar a Alex en sus manos, hizo dos movimientos rápidos y se dio cuenta de que algo no estaba bien. Alex Espada se sentía un poco desequilibrada. A simple vista, parecía perfecta, pero bajo el ojo experto del espadero, una pequeña grieta en el metal era evidente. Aunque casi imperceptible, esa fisura podría comprometer su integridad en la próxima batalla.

El espadero sugirió al guerrero dejar a Alex para una revisión más profunda. Sabía que no era cualquier espada; era una con historia, llena de batallas y victorias. Pero también sabía que un simple arreglo no sería suficiente. La grieta, aunque pequeña, podía empeorar si no se atendía adecuadamente. El guerrero, aunque reacio, accedió. Mientras Alex se quedaba en el taller, el espadero le mostró al guerrero una nueva espada que había terminado recientemente, hecha a su medida y con una empuñadura de marfil.

El guerrero tomó la nueva espada en sus manos y la levantó al cielo, admirando su belleza y el brillo de su hoja. Hizo algunos movimientos con ella, probando su peso y equilibrio, y quedó satisfecho. Aunque su relación con Alex era especial, entendía que en las batallas no podía arriesgarse. Debía probar la nueva espada para asegurarse de que estaría lista cuando la necesitara.

Mientras el guerrero se despedía del espadero, Alex observaba desde su lugar en el taller, sintiendo una mezcla de tristeza y resignación. Sabía que, aunque había sido indispensable en el pasado, la posibilidad de ser reemplazada estaba cada vez más cerca. La envidia que sentía hacia la nueva espada era innegable, pero también lo era su admiración por el guerrero, quien había sido su compañero de tantas batallas.

El espadero comenzó a trabajar en Alex, calentándola en la fragua y golpeándola sobre el yunque. Pero el daño era mayor de lo que había pensado. La grieta en la hoja era más profunda y peligrosa de lo que parecía. Al tercer golpe, la hoja de Alex se rompió, dejando al espadero consternado. No había vuelta atrás: para salvar a Alex, tendría que refundirla y comenzar el proceso de nuevo. Cuando el guerrero regresó días después, el espadero le informó lo sucedido. El guerrero, aunque decepcionado, sabía que había hecho lo correcto al dejar a Alex para su reparación. Tomó la nueva espada y, tras agradecer al espadero por su trabajo, salió del taller con su nueva compañera. Alex, por su parte, se quedó en el taller, rota y melancólica, sabiendo que le esperaba un largo proceso de reconstrucción.

Pero en su interior, Alex también sabía que este no era el final. Aunque su hoja estaba rota, su espíritu seguía intacto. La batalla por su supervivencia no había terminado, y estaba dispuesta a enfrentar ese nuevo desafío, incluso si significaba renacer desde las llamas de la fragua. Como había aprendido en cada batalla librada, cuando parece que todo ha terminado, es solo el comienzo de algo nuevo.

CAPITULO I. ATRAPADO EN UN GRAN PROBLEMA

*Muchas cosas se hacen
problemáticas por una sola razón:
el descontento con uno mismo*

Anna Freud

La vida nos confronta insistentemente con situaciones complejas, si no tenemos referencia, tendemos mentalmente a complicarlas basados en la incertidumbre que la situación produce, vamos respondiendo a expectativas de mayor o menor intensidad, según nuestra experiencia de vida. No todos estamos preparados para lo mismo, nuestras hojas de metal pueden ser duras, flexibles, con puntos de elongación amplios, al final somos diferentes en el manejo y la atención a las situaciones difíciles. Algunas personas, de manera consciente o no, cuentan con mayor flexibilidad de pensamiento y con mayores recursos emocionales, esto les proporciona la resistencia necesaria para poder o no superar las situaciones que vive. No todo el mundo tiene los mismos recursos, ni medios, estar quebrado y sintiéndose vulnerable puede ser el origen de una depresión que podría detonarse en cualquier momento de nuestra vida.

Las noticias como las enfermedades corren rápido y los mensajes son de índole pública. Más rápidamente, llegó al taller el mensaje de que los guerreros habían sido concentrados en la plaza del pueblo, era tiempo de ir a la batalla. —Apenas hace dos días celebraban la última batalla ganada— pensaba Alex Espada, ¡y sí!, nuevamente eran llamados, ellos en todo momento preparado para el combate, aún cansados seguramente, pero su pundonor los hacía responder al llamado, para lo que habían sido preparados, su condición de vida, entregados fiel y firmemente para defender las fronteras de su pueblo, sus tierras, sus riquezas, había que responder como lo que eran, los gladiadores de su pueblo, aquellos seleccionados para llevar en sus hombros la seguridad de los suyos.

Antes que reinicie la BATALLA,
La historia de una profunda lucha de reconstrucción interior

Alex Espada escucho la noticia con tristeza, el momento era otro, la circunstancia diferente, al final estaba en un depósito de espadas, todas inservibles, estaba ahí: quebrada, destemplada, desde hoy arrumbada y eso en su pensamiento era claro, estaba en fallo desde lo más íntimo de su estructura, el quebrarse en batalla, más que presentarse como una señal de orgullo, se presentaba como una minusvalía, como una respuesta emocional estresante, hoy se expresaba como tristeza, miedo, generaba ansiedad y falta de energía. El no estar en la mano de un gladiador le hacía pensar: —¿Cuál era el sentido de estar ahora?, estar en una armería, en una bodega, tirada, arrumbada, sin una función para la cual fue creada, ¿un pedazo metal con empuñadura que no sirve para nada?—.

—Quizás es solo de aceptar y aguantar, resignarse, un metal más en una armería cualquiera en lo recóndito del mundo—. La idea pensada así sonaba muy ruda, aprendiendo aún en el momento crítico podría ser una oportunidad de reasignarse, redefinirse, más no se sabía qué, ni cómo. Eran claros los sentimientos de desesperanza, los momentos súbitos de tristeza intensa, los altibajos que podrían presentarse, lo que generaba ansiedad, al destemplarse la espada habría experimentado cambio en el peso, el equilibrio. No sentía tener energía, le invadía la tristeza por no saber si podría algún día regresar al campo de batalla, estaba aislada y en ese momento no le interesaba relacionarse con nadie, ni espadas, dagas, puñales o cualquier tipo de metal filoso, se molesta y en algunos momentos se descubría llorando.

Así pasaron los días, la impotencia se iba acumulando con los días, esto generaba frustración, no tenía nada en control, forzosamente tenía que esperar las decisiones que tomara el herrero, él tenía los tiempos y las formas como trabajarla, era el experto, sabría cómo rehabilitarla, por lo pronto el estado emocional no ayudaba mucho, Alex tenía muchos espacios de tristeza, nerviosismo, irritación y en ocasiones no quería ni moverse, por las noches no dormía y todo lo que antes aún en el cuartel llamaban su atención hoy no le interesaba. Estaba en un desánimo que además se alimentaba por pensamientos dominantes que se presentaban, estos potenciaban el pensamiento de que estaba en fallo, estaba quebrado y que no servía para nada, sin discusión, la espada parecía tener una depresión reactiva.

Antes de dar pasos hacia adelante me permito decir que la depresión es un trastorno emocional que provoca un sentimiento de tristeza que se presenta en estadios amplios de tiempo, se presenta acompañada por una pérdida de interés en hacer actividades que antes expresábamos que disfrutábamos y nos gustaban. Causa diferentes problemas emocionales y físicos, afectando a la vida cotidiana, ya que, esta interfiere en la capacidad para realizar tareas cotidianas. Puede construirse la idea de que la vida no merece la pena ser vivida o no ofrece ningún aliciente o valor aparente. En neurociencias, la hipótesis propone que la depresión es caudada por un déficit de los neurotransmisores noradrenalina y la serotonina, esto en las regiones límbicas del cerebro.

Es importante tener claro que en depresión, los medicamentos (antidepresivos) y los acompañamientos sociales, psicológicos o psiquiátricos alivia los síntomas en la mayoría de los casos, sin conceder del todo la mejora. Pero cuando se tiene una depresión resistente al tratamiento, los tratamientos estándar reconocidos no son suficientes. Puede que no ayuden mucho o puede que tus síntomas mejoren y después regresen, en ese sentido es importante reconocer que la depresión no es una situación menor, mucho menos una situación fácil de tener o manejar, por lo que es necesario considerar, la situación de la persona, su medio de desarrollo, sus redes de apoyo y la disposición que se tenga para la solución del mismo.

Era evidente para Alex Espada que algo pasaba, en mucho, había perdido el control de sus estados de ánimo, de las expresiones emocionales que le caracterizaban, recordaba cuando estaba expuesta a batallas donde había salido airosa, esta batalla era silenciosa, consigo misma, en silencio y sin vítores. Ahora se enfrentaba a un combate donde se sentía frágil, vulnerable, el primer espacio de combate había sido adverso, de llegar por una revisión, se había quedado en un taller, en espera después de 20 años como espada forjada, hacía apenas dos que sé en enfrentada a grandes batallas y para esta ya se había permitido dudar. ¿Seré realmente una espada de guerra, tendré la capacidad de regresar?,

¿Tendré la fuerza para reintegrarme, recomponerme, para volver a la lucha?.

A las dos semanas, en la intención de cumplir con la palabra dada al gladiador, el artesano tomó la espada en sus manos, consideró que era tiempo de trabajar con ella, para él no era tema grave, la observó con calma, la elevó al cielo como ritual de combate y generó dos movimientos que Alex Espada conocía a la perfección. Sintió que un toque de corriente eléctrica se transmitió por lo largo y ancho de su hoja de metal y empuñadura, terminando el movimiento, enterrándola en la arena. Por unos segundos, Alex se sintió en combate. La volvió a sacar y se dio cuenta de que estaba desnivelada ligeramente, lo sentía. Esa característica es un gran combate, cansaría al guerrero, dejándolo al tiempo a merced de sus contrincantes. Había que reconstruir, esa era la única opción.

El artesano elevó nuevamente y con cuidado a Alex Espada, le recorrió con sus dedos, cerrando los ojos. Sintió dónde estaba el fallo, en esa dimensión fue lo que le permitió darse cuenta la magnitud del quiebre. El espadero se dio cuente que si bien es cierto era un espacio casi imperceptible, la herida era profunda, dolorosa para Alex, este fallo le limitaba, la espada dejó de estar segura de su capacidad, de su posibilidad en el combate, no podría asegurar si estaba preparada para regresar a la batalla, aún tenía que habilitarse para poder decir eso, generaba una ansiedad reactiva, pensamientos dominantes y de descalificación, esto con manifestaciones de impulso ante un evento traumático, desequilibrante, este no estaba determinado al momento de la batalla, sino al ser dejada en el taller por su guerrero.

El diagnóstico era contundente, la espada tenía que ser fundida cuidando su empuñadura, vuelta a fundir, moldear, forjar y afilar con un proceso tradicional, el que existía, los elementos eran dos fundamentalmente: a calor del fuego y a los golpes, era necesario que la espada estuviera lista, era un proceso complejo, doloroso y los resultados podrían no ser los esperados. Era un riesgo que se necesitaba correr, con disposición para iniciar con el proceso, el mejor artesano podría restaurar con facilidad la estructura, por desgracia para que la espada volviera a estar lista para la guerra, era necesario regresarle el espíritu, la fuerza, el temple y el filo que había perdido. No sería un trabajo sencillo para el artesano, lo técnico estaba controlado, pero, ¿Estaba listo Alex Espada para volver a las batallas?.

La espada se sabía vulnerable, estaba rota, más allá del propio concepto, sobre todo, estaba sentida de la esencia, barnizada de la emoción tristeza misma que se encontraba detonada y sin control, con un sentimiento de indefensión y desesperanza que al parecer no tenía un sentido lógico, pero que se presentaba en su pensamiento de manera intensa, había momentos donde se presentaba con indefensión y desesperanza, en más de una vez había expresado, —ya que: jamás regresaré al campo de batalla—, el solo pensar en el tema la hacía ponerse muy triste y detonar en angustia con miedo, llanto descontrolado y una sensación de impotencia y frustración que la hacían deprimirse más. El espacio era desfavorable, con poca oportunidad para la mejora, el escenario devastador daba pie a una tristeza permanente.

El quiebre le había modificado la confianza, aunque era solo un fallo, Alex Espada ya no se sentía súper o inmortal, irónicamente lo único que había pasado es que se sabía vulnerable y eso la hacía reconocer su fragilidad, ser llevada con el herrero y dejada ahí la hacía sentirse inservible, el accidente la había hecho reconocer que de un momento a otro, la vida podía cambiar. Lo que más destacaban y permanecían eran sus pensamientos catastróficos, repetitivos, los amplios espacios de aislamiento, la tristeza era dominante, no entrar en contacto era una forma de no enfrentarse con sus miedos detonados, a lo que pasaría en su imaginación, el tiempo pasaba entre incertidumbre, lamentos, quejas y tristeza. Eran espacios complejos, parecía como estar en el fondo de un hueco oscuro sin fin.

No le gustaba el lugar donde había llegado, mucho menos el espacio donde con su imaginación se había posesionado, más no sabía exactamente qué hacer para salir de ahí, por dónde empezar. No era una cuestión de lógica, había una energía que arrasaba el deseo, el impulso, la emoción y las sensaciones hacia un sitio no favorable que en pocos momentos la ponían nuevamente en la indefensión, la melancolía, la añoranza y la minusvalía sin tener la capacidad de oponer resistencia y sin tener control. Era como si un imán de altísimo poder jalar al metal de la impotencia, la tristeza y la depresión a su máximo límite. El poder amplificaba los pensamientos negativos, los detonantes de descalificación, como si ninguna resistencia fuera lo suficientemente fuerte o válida para salir de ahí y, sobre todo, salir bien.

No es que Alex Espada no lo hiciera o no lo quisiera mejorar, lo intentaba en todo momento con resultados fallidos y frustrantes, más en los ojos de las demás espadas, sables, dagas y metales, ¡no lo estaba intentando bien!, indiscutiblemente Alex Espada estaba en su dolor, en inmersión; una espada de guerra que empezaba a vivir de sus historias, esas que en lo más profundo de su dolor ni siquiera se atrevía a contar. En el tiempo se agudizó otro síntoma que se presentó casi de origen, las noches desde la llegada al taller eran eternas, silenciosas, densas, el no dormir o la inconsistencia en el sueño eran notorias y esto dañaba intensamente su estado de ánimo, eso sin contar que el carácter le había cambiado, tenía un sabor amargoso. Alex Espada a una semana, ya no era el que llegó, empezaba a deteriorarse, el tiempo empezaba a hacer sus estragos y la falta de sueño generaba lo propio.

Era aparentemente poco tiempo, más un estado de tristeza puede degenerar rápidamente algo o alguien, el miedo, la frustración y la incertidumbre pueden generar un medio proclive para la destrucción, inevitablemente Alex Espada quería salir del lugar donde estaba, dónde se encontraba en ese momento, más en muchos caso, querer no en todo momento es poder y ahora Alex lo tenía muy claro, el dolor de su fallo era presente, el no haber ido a la batalla y el intentar la forja inicial habían dejado un desagradable mal sabor de boca, más hoy pensar en su mejora no dependía del todo de él. Había que pasar por la fundición nuevamente, eso le daba mucho miedo, no sabía si sería el mismo al regresar al molde o en la aleación con otros metales, terminaría siendo otra espada, más que buena o mala, sin la identidad que ya tenía como espada de guerra.

Se había perdido mucho al denotar su fallo, al sentir el dolor de la hoja agrietada, el pensar que sería una revisión rápida y el haber sido dejada, el que su gladiador saliera la siguiente mañana al llamado sin esperarle, para Alex Espada esto había sido devastador, parecía como una historia de terror donde el personaje principal era una espada arrumbada en un taller, quebrada, con un fallo del que no podría recuperarse jamás. Nada más alejado de la realidad, más las circunstancias se habían presentado así y ante un pensamiento sin esperanzas, la frustración era el medio que bañaba la historia. Parecía un pensamiento sin fin, un círculo vicioso que no daba oportunidad por ningún espacio, a la oportunidad que podría ser volver al campo de batalla. Parecía que el fallo era más profundo de lo que el herrero podía tocar con sus manos.

CAPITULO II. ALIMENTO LO QUE ESPERO CON LO QUE CREO

Las mejores cosas de la vida
son inesperadas porque
no teníamos expectativas.

Eli Chamarón

Las semanas pasaban y los días eran idénticos, monótonos, aburridos. Para Alex Espada ya se había arraigado la rutina, para este momento empezaban a presentarse esquemas de pensamiento dominantes desfavorables, se relacionaban las ideas y creencias sobre el mundo y sobre su función como espada de combate medieval, la extensión de un guerrero valiente, fuerte, mismo que hoy se encontraba en batalla sin su presencia. Alex Espada tenía la idea de que no era un arma tan completa, tan letal, se comparaba con la que el armero había hecho a la medida y que seguramente ya utilizaba en sus enfrentamientos actuales, era la adecuada para él. No tenía un medio para sustentar los pensamientos, pero los tenía; , indudablemente, Alex se había generado una experiencia en descalificar lo que era, enarbolando a otros.

Todo se agudizaba sin control, el sueño era más inconsistente cada vez, los sentidos estaban polarizados, la tristeza era compañera permanente, la ansiedad y la frustración ya eran estados cíclicos; se habían roto los esquemas de orden, los hábitos de higiene, tristeza aguda, inactividad y un carácter muy irritable a situaciones que podrían presentarse en su entorno. Buscaba la distancia de todo, buscaba motivos para no estar con nadie, se ubicaba preferentemente en las esquinas del taller o bodega, en soledad, en silencio, la sensación de cansancio era permanente, ya no había espacios de concentración o memoria y ante toda posibilidad de halago, reconocimiento o señal esperanzadora, en automático se expresaba una respuesta negativa, una justificación clara del porqué estar como se está.

Cada día que pasaba ponía de manifiesto los sentimientos de desesperanza de Alex Espada, ya se presentaban manifestaciones que se reflejaban en el cuerpo con continuos dolores de cabeza; la higiene y aliño dejaron de ser una normalidad, la resistencia matutina a bañarse, arreglarse y ordenar su recámara era un peso complejo de cargar, las manifestaciones cada vez eran más claras, no había cambio de ropa y para Alex Espada era imperceptible los olores que generaba. Buscaba que el espadero no la viera, trataba de no estar cerca de su atención, como que en su interior esperaba que se olvidara lo que ofreció al guerrero que la había entregado, él se había comprometido con regresar, no tenía claro que estuviera en condiciones como para continuar, no sabía si su fallo podría corregirse, ese dato era completamente incierto, además en ese momento no quería ser visible.

El artesano, en su lógica, le daba su espacio a Alex Espada para recuperarse, no quería ejercer presión, con cuidado le quitó la empuñadura y al quedar el metal puro, se metió al fuego para fundirla, al tiempo se derritió totalmente el metal, el artesano respetó el metal sin poner ni una porción de otra aleación en la intención de conservar su naturaleza de espada guerrera, el herrero la metió en un molde para recuperar su naturaleza de espada. Estaba en el molde, forjada y al momento de intentar sacarle filo a calor y golpes, la espada generaba fallo, se quebraba en el mismo lugar donde se generó el error original. El espadero no entendía lo que pasaba. La espada era la misma, el mismo metal, sin aleaciones, pero parecía que no estaba lista o no quería estar lista. Al intentar sacar el filo, se rompía, parecía tener miedo, y esa emoción detonaba la incapacidad de verse integra nuevamente.

Tras el error generado en el proceso de habilitación, se potenciaba la frustración, la tristeza, los pensamientos catastróficos de Alex Espada, así como ideas de las peores consecuencias posibles a cualquier situación que se presente. En este caso, Alex se descalificaba intensa y profundamente, era su peor detracción, además que, tras el haberla fundido y saber que al afilarla se había quebrado nuevamente, generaba una idea que le detonaba en lo más profundo de su ser dándole vueltas, según su idea había perdido fortaleza y ahora se quebraba con facilidad, ya no era un metal fuerte y mucho menos confiable, estaba en fallo, era una espada de segunda, un pedazo de metal con empuñadura.

Estas ideas generaban, en consecuencia, un mayor aislamiento y menos espacio para la esperanza y, por ende, para la reacción. Era ya un evidente círculo vicioso.

En este momento, esperar era una falacia, no existía para Alex una posibilidad, no representa una pérdida de conciencia, era una pérdida de confianza, es claro lo que pasaba, más entre mayor es el tiempo y las experiencias no detonan en cosas favorables, la inercia era a lastimar, lesionar y deprimir, pensar era un ejercicio cíclico y tener pensamientos catastróficos una respuesta. La distimia es un rasgo que se presenta y se vuelve en el usuario una confusión, pues el entorno acusa falta de interés o de ganas, que era un eco en Alex Espada. Si bien es cierto, hay que hacer algo para romper con el ciclo, no solo representa desearlo, en ocasiones el esfuerzo para romper la inercia puede ser un acto extraordinario, más evidentemente el verdadero punto de ruptura será de adentro hacia afuera, es un poco como el pollito que al nacer requiere romper la cáscara para ver la luz.

La espada medieval, hecha para la guerra y las grandes batallas, se ve vulnerada al quebrarse, al sentirse frágil se presenta la decepción y esta se ve de manera dramática e inesperada, el tiempo arraigaba la frustración y la tristeza en Alex Espada. Es ahí dónde la crisis inmediata y dolorosa toma parte, esta se refleja con mucha tristeza, que es la fuente de numerosos estatus depresivos y frecuentemente de reacciones descontroladas que se ven reflejadas en el carácter, con control y represión de impulso, trastornos de ira o impulsos descontrolados, generando molestias en todos aquellos que los rodean. Alex nunca fue agradable y con el paso del tiempo se presentaba insoportable para toda aquella figura que convivía directa o indirectamente, presentaba en su entorno una nube gris que impactaba en su ser.

La expectativa se rompió como su fallo al momento de ser forjada por primera vez, al ser fundida y tras moldearla, al pasar al afilado denotaba su estado de fragilidad, inexplicablemente se volvía a romper en el mismo lugar sin quedar finalmente como se esperaba, mismo que genera frustración y una decepción respecto a sí misma, apareciendo además ideas de descalificación, devaluación y minusvalía. Era tan solo pensar como estaba para intentar volver a ser forjada, en todo momento pensaba que esta vez haría lo mejor, estaría lista para lo que implica el moldear y sacar filo con golpes y calor, tenía la intención y el optimismo. Por desgracia el pensamiento era inestable, y la motivación temporal, en un momento creería que lo lograría y se optimizaba, en otros momentos se polarizaba, en esos momentos opinaba que sería imposible volver a estar íntegra.

En muchas ocasiones el problema se genera debido a la rigidez del pensamiento, ideas y las formas de ser expresados por Alex Espada. Esto en mucho se presenta ante la imposibilidad de ver las cosas de manera diferente, polarizar las ideas no permitía ver más allá que aquello que se repetía, repetir la idea no la hace verdad, pero sí una idea dominante, en ese sentido es necesario potenciar la imaginación de diferentes formas de opinar y gestionar la realidad, romper con las ideas preconcebidas. ¿Qué pasaría si, como espada, apoyara al proceso de volver a forjarla y afilarla?, ¿Y si las cosas salieran bien?, ¿Si fuese capaz de colaborar, reintegrarse y pronto regresar a la guerra? La lógica era clara, por desgracia, la inercia nos llevaba a perpetuarse en el círculo vicioso.

En muchas ocasiones, el problema tiene relación con la brecha que queda de la diferencia de lo que soy contra lo que espero, sobre todo ante la dificultad de poder encontrar solución viable. En ocasiones, intentar rígidamente sostener ideales demasiado elevadas y extremas nos lleva a la posibilidad de colocarnos en un abismo con decepción reiterada y una angustia con enfoque al fracaso. Si hacemos poco por lograr lo que esperamos o no tenemos disciplina, esta será más complicada que no se consume y generará una permanente decepción. El pensamiento rígido nos permite convertirnos en juez de nuestro propio actuar y, desde el introito, limitar en los resultados, imposibilita la creación de diferentes formas, perspectivas, medios, intentos.

En la consigna de, creo (del verbo creer), lo que creo (del verbo crear), nos permite tener una concepción más amplia de lo que se necesita al actuar. Si lo que se requiere está en el pensamiento y se identifica la idea, será posible y válido que se pueda construir, crear; en caso inverso la situación es casi imposible, si no tengo la idea o no sé, las cosas serán imposibles que pasen, sucedan o se generen. En ese sentido, el origen de las ideas de Alex Espada está en la forma como aprendió a ver las cosas, es importante en ese sentido aprender a generar un pensamiento flexible, amplio y plantear las creencias desde nuevas formas de ver las cosas y de ser observadas, esto permitirá contar con la posibilidad de salvarnos de la profundidad de la depresión y presentar más opciones de salida.

Nuestro pensamiento es el regulador de cómo percibimos las cosas y como nos sentimos ante ellas, es detonante de crisis, Georgio Nardone menciona que: —Nos aferramos con firmeza a convicciones y creencias que nos transmiten seguridad cuando en verdad no se trata solo de elecciones conscientes: la mayoría de las veces son posiciones adoptadas según percepciones y sensaciones no propiciadas por la razón sino por las emociones del momento o por la asociación, a menudo inconsciente, con experiencias precedentes. No basta con saber pensar bien para evitar caer en esta trampa mental—. Somos finalmente consecuencia de lo que se ha vivido, desde el aprendizaje vicario, los padres o adultos referentes, enseñan sobre la forma de generar la vivencia, como experimentarla, como sentirla.

El gran trabajo en Alex Espada era generar ajustes en un sano ejercicio de flexibilidad, antes que cualquier cosa. Es necesario ir más allá del darse cuenta, de ser consciente o de revisar sus creencias. El mejor espadero, podría estar presente, más era necesario aprender a observar la realidad a través de la mirada de los demás y evitar aferrarse a la propia perspectiva como si fuese la única o la mejor fórmula. Para llegar a la evolución es necesario dejar de ser egoísta. Quizás el reto más grande radica en la dualidad de querer estar fuera del lugar donde se ha construido, o quedarse ahí en el lamento, en el dolor, quedándose en un permanente dolor. Aunque parezca extraño, atreverse a romper lo que se ha construido, aunque esto sea desfavorable, no es cosa sencilla.

El reto para Alex Espada está en romper su verdad como única e irrevocable, implica el de crear un ejercicio de flexibilidad constante, a la par de una resistencia inversa a la inercia que se ha construido, con estructuras elementales: regularizando el sueño, retomando o construyendo hábitos alimenticios, haciendo ejercicio, retornando a hábitos de higiene, aliño, estableciendo un horario de actividades matutino y vespertino. Se deberá evitar el uso de distractores o esquemas pasivos en el tiempo (videojuegos, tiktok, YouTube o redes sociales), así como evitar el consumo de alcohol y drogas, así como evitar la toma de inductores de sueño, antidepresivos o medicamentos si no son recetados exprofeso por un médico. Es importante tener en claro que el esquema planteado no sería simple de ejecutar, pero sí necesario.

Este ejercicio de flexibilidad en crisis, representa un reto que evita la tendencia natural de nuestro pensamiento a generar esquemas rígidos y autoengaños cómodos en lo placentero. Esto puede complicarse ampliamente y llevarnos de nueva cuenta al círculo vicioso. Como cita, Paul Watzlawick menciona que: —La creencia de que la realidad que uno ve es la única realidad es la más peligrosa de todas las ilusiones—. Romper con ese pensamiento, implica un doloroso espacio que puede ser el origen del reinicio, un recurrente que nos puede impedir avanzar o la base que sustentará la forma como construimos nuestra depresión reactiva. La inercia hará que parezca compleja la recuperación, más como todo principio. Todo está en encarrilarse y no desistir, los resultados se verán de a poco, por lo que además requerimos resistencia.

Lao Tse mencionaba: —Si eres flexible, te mantendrás recto, pero no es un ejercicio simple. En ocasiones el espacio que nos hace daño puede ser tan confortablemente atractivo que despegarse es algo verdaderamente difícil. La dureza y la rigidez son las cualidades de la muerte. La flexibilidad y la blandura, las de la vida—, esta es una decisión que tendremos que tomar como parte del ejercicio. No existen situaciones medias, es un umbral del camino. Empezar a habilitar es un camino, o mantenerse en un fondo dañino. Estas se presentan como opciones, al final, Alex Espada requerirá construir lo que requiera vivir. No existen buenas o malas respuestas, solo aquello a lo que se esté en disposición de vivir, ni más, ni menos.

CAPITULO III. SALIR DEL FONDO ES UN PROCESO

¿ Por qué deberíamos prestar tanta atención
a lo que piensa la mayoría?..

Sócrates

El camino auguraba ser largo, en la mayoría de los casos, lento y puede desestabilizar el todo que rodea a la persona en crisis. Puede ser complejo el manejo, el trato. Alex Espada se daba cuenta de que estaba en un lugar en el que no le gustaba estar, pero era consciente de que estaba en el lugar que había construido. Era una consecuencia, tan en el fondo como lo había permitido. Un poco en la inercia sumada con el desinterés, generaban cosas diferentes a las que habían pasado, se avecinaba el tiempo de regreso de los guerreros y esto daba un poco de ánimo a Alex Espada para reincorporarse a las batallas de su todos los días, si bien es cierto que las cosas no habían mejorado radicalmente, el estado de Alex en lo individual se había regulado de manera importante aunque los síntomas estaban, la tristeza permanecía.

Pero Alex Espada no quedaba al afilarse, y tras algunos otros intentos daban como resultante un fallo en el mismo costado y altura de la original, por la causa que llegó al taller. El espadero había intentado en varias ocasiones que estuviera lista y los resultados no se presentaban como lo esperado, como lo pactado entre espadero y gladiador. El error se daba como si el metal estuviera consciente del miedo y decidido a no regresar a las batallas, como si fuera ir en contra de su naturaleza, como si el fallo le presentara la sentencia final. Para el herrero y artesano era algo muy extraño. La espada, que venía lastimada de haber estado en un campo de batalla, de un encarnizado combate, cumplía su función y lo hacía con orgullo y con honor. En ese sentido, lo que había pasado era parte de una batalla, dentro de la misma imperfección de su ser, más no era entendido en su profundidad.

Antes que reinicie la BATALLA,
La historia de una profunda lucha de reconstrucción interior

Hasta ese momento, el espadero no había querido mezclar otro tipo de metal con la espada, para él, solo era una crisis, una grieta que la espada había registrado, nada extraordinario para él, más al volverla a fundirla, aguantaba el moldeado, la forja, más parecía que el metal se habría debilitado, como si no quisiera ser habilitada la espada, pues al momento de sacar el filo era el momento de quiebre, era muy extraño pero estaba pasando. No parecía posible, no sonaba lógico, no era congruente, pero, muy a pesar de todos los pronósticos, estaba pasando. Un estado de profunda tristeza seguía presente, la desesperanza, los sentimientos de culpa e inutilidad no se quitaban de su pensamiento, se veían pocos avances a más de tres meses de iniciados los primeros síntomas en el taller.

Si bien es cierto que se requería un buen espadero para reparar la imperfección de Alex, la espada dañada tenía que hacer un esfuerzo intenso desde el interior para romper la inercia. La mayor de las fuerzas en esta etapa tendrían que venir de dentro y así se aspiraba a romper el ciclo. Se trataba de generar una fuerza inversamente proporcional y en dirección inversa a lo que la depresión generaba, más no era un esquema simple, requería disciplina, método, orden y sistematizarlo, Alex Espada ya se había acostumbrado solo a pelear, con o sin razón, pensó que nunca dejaría de hacerlo, el ciclo era intenso, perverso, la mantenía dando vueltas en sí misma. Su ideal era, ser la mejor de las espadas, reconocida por todo el mundo por su fuerza, entereza y sobre todo por estar en manos de un poderoso y hábil guerrero.

Los tiempos eran diferentes, habían cambiado, ahora el reto estaba en regresar al camino, ni más ni menos, la gran batalla se estaba librando en este momento, Alex Espada eran contra el peor de sus enemigos, el más poderoso, el más incisivo, el que conocía más de sus miedos y debilidades y que además los potenciaba, él mismo. Regresar a ser simplemente una espada, sin quiebre, sin grietas, sin rupturas. En teoría parece un ejercicio simple, más cuando no estás listo, ni dispuesto o no sabes "cómo", todo podría ser un enorme obstáculo y este se puede presentar en cada paso del camino. Habría que generar un orden que nos permitiera tomar el control de las cosas simples y dar continuidad para lo que se requiere disciplina. Habilitar era un ejercicio complejo, era tomar todo aquello que antes era simple, común y hoy representaba un problema para dar continuidad.

¿Dónde se había perdido la ruta en la vida de Alex Espada?, ¿el dolor del fallo le había llevado a sufrir por no estar presente en los campos de batalla?, ¿quería realmente regresar a la batalla?, ¿estaba realmente lista ahora?, ¿era el momento de regresar?, eran demasiadas preguntas para una mente atolondrada, confusa, si bien es cierto que tenía claro lo que tenía que hacer, el miedo le regresaba una y otra vez en un punto de frustración por no tener claro si lo lograría como lo esperaba. Querer tener el control de lo que va a pasar, querer ver el futuro cuando el presente es nublado, tener certeza en la incertidumbre es de los más importantes errores que se presentan en la habilitación, si es incertidumbre, ¡que sea incierto!, si hay que tener miedo, ¡conviva con su miedo!, si hay que soltar el control para mejorar, ¡suéltelo pues!.

Estaba en este pensamiento cuando escuchó una algarabía no común en las calles del pueblo. Los pobladores recibían con júbilo a los guerreros que habían llegado triunfadores de la batalla, eran nuevamente los ganadores de la batalla y llegaban a celebrar. Ese día fue especial para Alex Espada, pensaba en voz alta —los guerreros habían regresado de la batalla triunfantes, esa noche celebrarían en grande y mañana, ¡Sí!, seguramente mañana vendrán por mí, mi gladiador me llevará y así recorreremos nuevos campos, libraremos nuevas batallas—, eso la animó, surgió una sonrisa en su rostro que no se había visto antes. El solo hecho de ver la posibilidad de regresar a la batalla le despertó una electricidad conocida, una adrenalina que recorría todo su cuerpo y le daba sensación de energía, esta que había dejado de experimentar por días, por semana.

Pero inmediatamente después de la reflexión reaccionó, —aún no estoy en condiciones para regresar—, entró en un cuadro de angustia que la hacía sentir como en caída libre, en un hoyo sin fin, el miedo se empoderó nuevamente de Alex Espada; sin darse cuenta, hiperventilaba con respiraciones entrecortadas. Aún no estaba lista y quizás nunca lo estaría, o más bien no quería estar lista. Este pensamiento la conflictuó durante toda la noche, a pesar el tiempo y del trabajo de espadero, este no había logrado sanar la herida que era más de Alex, producto de sus miedos, se enfrentaba ya a una contradicción: en unas horas llegaría su dueño por ella y simplemente ella no estaría lista, reconocía que tu tristeza habían influido, no había colaborado lo suficiente y al final, no estaba lista. Toda la noche fue de pensamientos, angustia y de miedo, finalmente no se la podrían llevar.

Alguien me dijo, —Cuéntale tus proyectos a Dios, asegúralos, él te dictará el mejor camino, el mejor—. La vida le tenía reservada una forma diferente de ver y vivir la experiencia de la vida para Alex Espada. Amaneció, Alex se angustiaba por la inevitable llegada de su dueño, el tiempo pasó y los minutos se hacían hora en la espera, el guerrero no se presentó durante toda la mañana, —aún estaba la tarde—, esto la hizo comprimir el nivel de angustia experimentando dolor de cabeza, sudoración, escalofríos y la sensación de vacío en sus hojas. La tarde pasó y el guerrero no llegó, pasó todo el día y la tarde como si no hubiese pasado el tiempo. Ese día se presentaron dos guerreros que venían de esa batalla. Eran guerreros jóvenes que, por referencia, venían con el herrero a consulta, algunos a pedir diseños especiales, otros a recoger trabajos y así llegó la noche sin mayor novedad.

La noche fue angustiante, larga, definitivamente no como la anterior, pero Alex tenía una sensación diferente que era muy desagradable, llegaban pensamientos dominantes sobre las actividades que el guerrero habría hecho en el día, el no ver a su armero como primera opción e ir a buscarla, estaba desconcertado ante la falta de interés que ya se daba. No era un actuar común, en su experiencia, el primer lugar a visitar después de la celebración en la mañana siguiente, era el herrero, el espadero; esta visita y su resultado le generaba al gladiador los ajustes en el descanso para preparar la próxima batalla, representaba en mucho el medio que reparaba y daba mantenimiento a las herramientas y la protección, era para los guerreros, la columna vertebral de los estados de calma, era un empezar de las batallas y representaba la seguridad de los guerreros en el campo de batalla.

La luz del nuevo día le pegó en la cara a Alex Espada, amaneció de nuevo y el guerrero no apareció y así llegó el quinto día sin que hubiera señal del guerrero, una mañana, cuando la euforia había pasado, así como una decena de gladiadores en busca de los oficios del herrero una mañana este preguntó a uno de los últimos gladiadores jóvenes que llegó al taller, el espadero preguntó por un guerrero en específico, uno que de interés para él y para Alex Espada. La respuesta fue contundente, el guerrero había muerto en la última batalla, su espada había sido levantada por el enemigo que logró escabullirse y a pesar de que el ejército había ganado la batalla, ese guerrero era una de las bajas de esa lucha, la noticia en los oídos de Alex Espadas represento un shock, un golpe fuerte al dolor y la esperanza, en ese momento quedaba confirmado, el guerrero no regresaría, había muerto, él ahora estaba en soledad.

    Recibir la noticia fue devastador, Alex Espada sintió un dolor profundo, su pensamiento se hizo la nada, estaba como en el limbo de las emociones y del pensamiento. Desde ese momento su destino era incierto. Su dueño había perdido la vida en batalla, Alex. Espada pudo recordarlo a partir de ese momento. Era un ser luchador único, brillante, muy fuerte, confiable, intenso, era cruel y despiadado con el enemigo, noble y dadivoso con sus hermanos y su pueblo. Era notoria esa dualidad, podría ser un demonio y un ángel en solo cuestión de horas. Un hermoso ser humano, que ya no estaba, había acaecido como parte de este ejercicio de ser una nación grande y poderosa. Ahora era claro, no regresaría jamás. Ahora, Alex era propiedad del espadero, y rota servía de muy poco. Era un pedazo de metal inservible con empuñadura, una de las muchas que se encontraban en el taller, poca era ahora la diferencia.

    Esa noche fue de duelo, y vinieron innumerables recuerdos a Alex Espada. Estos incluían cómo se conoció con el guerrero, cómo la tomó la primera vez y la levantó al cielo calculando el peso. La espada recordaba la habilidad y la fuerza. Desde un principio, Alex supo que sería su extensión, de la misma manera, reconoció su capacidad y fuerza. Sin duda, era hábil con la espada corta, con el cuerpo y para el remate. En todo momento estaba presta su hoja, para los cierres en el combate: el único, inigualable y la certeza de Alex Espada. Las suyas habían sido batallas legendarias, esperas angustiosas, combates sangrientos, victorias épicas, celebraciones magnas, todo eso habían compartido, la espada elevaba una oración por el honor del un gran guerrero y por su honra, hoy se había convertido en una estrella en el cielo, al elevar su cara pudo verle brillar una que la definió como su luchador dando luz ahora al universo.

Esa noche, después de su reflexión, la Alex Espada quedó sin fuerza, presa de un sueño profundo, el sueño se presentó como un medio de desconexión, la incertidumbre había generado demasiada angustia y miedo, tener certeza del todo en ese momento, le había dado paz que se reflejaba con el sueño profundo. En sus sueños de esa noche Alex se vio en la mano de su guerrero fue un reencuentro utópico, el sueño los llevó juntos a una gran batalla peleando con la fuerza y lo sanguinario de la última vez que estuvieron juntos, Alex estaba en su medio, explotando lo mejor de sí como extensión de un guerrero experto, combativo, ágil, fuerte, estaba en un sueño vívido, sentía el miedo por la inminente posibilidad de quebrarse, más en ese mágico momento, era un intenso y poderoso sentir. El sobresalto despertó a Alex Espada, sudaba copiosamente, había regresado súbitamente a la realidad.

La espada quería salir de la depresión en la que se encontraba, del lugar de tristeza, angustia, miedo y culpa que había construido a su medida a lo largo del tiempo, pero en definitiva no era algo sencillo, aquí "querer es poder" quedaba limitado como práctica. Representaba un ejercicio más allá de las buenas intenciones o la razón, saber qué problema tengo no lo elimina, conocer el origen no me hace resolverlo; es necesario tener claro que «si un tiempo me llevó donde estoy, tendré que invertir tiempo para salir». Un problema es un conjunto de variables incidiendo desde diferentes puntos, esquemas o espacios a un individuo en un contexto desfavorable, para definir para dónde voy. Se presenta como una posibilidad para ser mejor y buscar ser feliz. Resolver un problema requiere primero que nada entender que este es un proceso y requiere tiempo.

Para dar el primer paso, es necesario no desesperarse, en ocasiones se amanecerá con mucha energía para retomar las cosas de la vida, otros días parecerá que se retrocede, al final los hábitos dominantes en la etapa de crisis del proceso nos abona o limita para la mejora; más es necesario para en el momento que se requiera, se utilice como punto de impulso, que la historia sea un trampolín. Es necesario en este sentido entender que la consistencia es más crucial que el impulso o la energía, entender que el proceso es lento y que requiere mucha paciencia, pues habrá días tan buenos como desfavorables en el camino. Es necesario no perder el valor, ni generar adjetivos en estas etapas.

Todo es una oportunidad y, hasta lo no favorable que pueda suceder, puede presentarse como una oportunidad, más es importante la posibilidad que me doy para salir adelante.

Para estos momentos, Alex Espada estaba verdaderamente en el fondo de su tristeza, tenía miedo de lo que pasaría, pero hoy le quedaba claro que no había más, este era un momento especial para generar un ajuste, para reiniciar, permanecer en donde estaba, empeorar (poco posible) o iniciar el despertar, su guerrero ya no regresaría por ella y ahora, probablemente, ni para el artesano era importante recuperar a Alex Espada. Ni el mayor o mejor de los apoyos funciona si no hay un impulso desde el interior, si no se hacen los ajustes esenciales, los mínimos necesarios que nos impulsen, por lo que: —Si no sabes, te enseño; si no puedes, te ayudo; más, si no quieres, no hay nada que hacer—. No se podría hacer nada por ti, si tú no lo quieres. Si tú no estabas listo para levantarte y tomar impulso, nadie lo podrá hacer por ti. Es como pedir saltar desde las piernas de otros.

Alex Espada se encontraba en una bodega de metales con empuñadura, algunas espadas con fallo, otras terminadas, espadines, dagas, armaduras a medio terminar, y más metales, era increíble reconocer que las armas se encontraban en un campo de batalla distinto, pero igual de intenso que los sangrientos campos, imaginaba que otras se encontraban en los cuarteles esperando a ser utilizadas como segundas en oportunidad. Hoy, sin un guerrero de destino, Alex Espada tenía una posición compleja, el herrero ya no iba a invertir tiempo y esfuerzo en ella, al final nadie pagaría por el esfuerzo y ya llevaba más de seis intentos sin éxito, en este contexto era solo un metal quebrado con empuñadura en un rincón, sin que nadie tuviera interés real de que su estatus cambiara, reconoció en ese momento que hasta ese momento Alex había colaborado muy poco en su habilitación.

Ese nuevo amanecer fue distinto en todos los sentidos, Alex Espada tenía claro que lo peor ya había pasado, en falla, sin guerrero, en un taller, no era claro que pudiera regresar a los campos de batalla, más podría aspirar a ser recuperada como espada medieval, tenía claro que era una idea para sí, una oportunidad para su trascendencia. Era necesario que Alex participara, que no dejara todo en manos de "lo que sea", "la suerte" o variables cualesquiera, si bien es cierto no es posible tener el control de las cosas de la vida, se disminuye la posibilidad de riesgo cuando se prepara lo que se quiere, cuando se estudia, cuando se prevé, cuando se está alerta, pero sobre todo cuando se está en disposición de aprender, de ver las variables de la vida como una oportunidad, decidir del dolor el aprendizaje, dejando fuera de la fórmula el sufrir. Eso se presenta en sí mismo como una oportunidad.

CAPITULO IV. REINICIAR. ORDEN Y DISCIPLINA

La disciplina tarde o temprano
vencerá la inteligencia.

Yokoi Ken ji Díaz

Nos encontramos en la búsqueda continua del éxito, en ocasiones sin saber que es lo que entendemos por ese concepto, muchas otras cumpliendo con los conceptos de otros, lograr éxito representaría un incentivo a nuestro esfuerzo y dedicación, en ese sentido, tan solo representa un sinónimo de alcanzar nuestras metas y propósitos de vida según como lo planeamos. Para lograr este nivel gratificante y sentirse exitoso por realizar una cantidad o tipo de actividades, es necesario construir un orden de las cosas, un sistema de prioridades a seguir, además de una serie de hábitos, capacidades y cualidades que especialmente son necesarias para lograr destacar, dentro de estas características encontramos la responsabilidad, la paciencia y sobre todo tener organización y disciplina. No siempre tenemos estos argumentos para sustentar nuestros deseos.

No todo es querer, o creer el saber que se requiere, aquí el reto es simplemente hacerlo. Para el pensamiento recurrente de Alex Espada ya habían pasado los días, semanas, meses, se había estabilizado la crisis, ya no se encontraba en un punto de ruptura, las emociones habían tomado cauce, aunque la tristeza dominaba las jornadas, los pensamientos de descalificación y la culpa por haber dejado de hacer, había llegado un momento de estabilidad sin mejora, al menos ya no había un hoyo sin fin, al parecer se había llegado al fondo. Para poder avanzar o considerar mejora, era necesario hacer: primero: ponerle un orden a las cosas, a las actividades, y segundo: condimentarla con disciplina. Indudablemente, el ejercicio era de adentro hacia afuera, repitiendo los pequeños aciertos. El orden, método y la disciplina generarían los primeros resultados.

Antes que reinicie la BATALLA,
La historia de una profunda lucha de reconstrucción interior

Para Alex Espada, la tristeza era muy notoria, la desmotivación era un contínuum, tenía un día bueno y seis malos por semana, no había desarrollado la capacidad de relacionarse con otras armas como dagas, puñales, con otras espadas, con escudos o armaduras, se había aumentado el aislamiento por el miedo al rechazo, Alex era una espada con fallo. Desde su llegada al taller, dejó de disfrutar lo que pasaba en su vida. Su día a día era gris, triste, con muy poco que hacer, compartir, contar. Además, aparecieron problemas físicos como dolores, alteraciones del sueño, ansiedad e inquietud de la cual perdía continuamente el control, todo esto sin menospreciar sentimientos de culpa, así como dificultades para concentrarse, la atención era dispersa y eso impedía la concentración, poner orden y avanzar, la atención y el orden de las ideas parecía imposible.

Antes que otra cosa, para Alex Espada era necesario tener orden de ideas, de lo que se podría mejorar, si bien es cierto, era necesario empezar, era importante tener en claro por donde, cuál es el lado inicial, en que algún lugar, en este punto no podemos olvidar que «el que mucho abarca, poco aprieta», y que en momento de crisis, es tanto lo que se quiere lograr y lo que se quiere avanzar que se puede atrofiar el ejercicio, "lo perdido, perdido está". En este modelo elemental, la disciplina es un medio de construir los éxitos, retoma el compromiso y responsabilidad, sumando también la conducta y la personalidad (temperamento y carácter) de Alex Espada. Es fundamental ordenar los tiempos, todos, definir lo que se espera en cada etapa, los objetivos y metas. Se requiere diseñar la ruta para poder lograrlo. En una primera etapa es básico tener programado todo el horario, hasta el de descanso.

En este punto no olvidemos que es «la ociosidad, la madre y padre de todos los vicios», por lo que la forma más efectiva de hacer que el pensamiento no descalifique o destruya jugando en la contra, es poniéndolo a trabajar, generando actividades, ordenando la agenda. La segunda parte es hacerlo, cuidar que la desidia, la apatía o el juez interno de Alex Espada no genere el descarrilado del tren del intento y la intención, aquí es donde la disciplina entra en acción, es la constructora de los éxitos, es la que nos permitirá cumplir. No olvidemos que lo perfecto es fuera de estos contextos, por lo que será claro que en un principio será necesario que Alex pegue agendas por todos lados del taller y lo traiga consigo para no olvidarlo, construir pequeños éxitos por ejercicio es importante, generar la adrenalina necesaria para tener el impulso de combustible que nos permita no desistir, sino resistir.

Se requiere tener el medio, los elementos, la ruta, la disposición, la atención, pero sobre todo aquello que se va a realizar en el protocolo de orden, así como el modo y lo esperado. La disciplina es el elemento que permite seguir enfocados y evita desviarse del camino, caer en la desidia o en distractores. En el arranque es importante que Alex Espada no se deje llevar por tentaciones que afecten los objetivos que se plantea de manera individual. Generar disciplina no es sencillo, tampoco se da como un momento mágico o de manera inmediata, es probable que se presenten obstáculos, contratiempos o desajustes como las excusas, la pereza, el miedo, la culpa y en el caos de Alex Espada estaba barnizada por la depresión, estos elementos funcionan como impedimentos que pueden ser destructivos a las mejoras, a los cambios, al reto de salir del momento crítico que se vive.

Alex Espada, en su intento por salir del estado en el que se encontraba, empezó con un intento formal. Todos los que se habían dado hasta ese momento eran intentos de buena intención, sin orden, sin ganas de lograrlo; pidiendo mejorar, rogándole a Dios que nada importante pasara. Para poder evaluarla, definió una tabla básica, esta que, por orden, habría que habilitar de manera inicial. En ese momento no reflejaba esquemas absolutos o medidas muy complejas, solo aquellas cosas en las que se requería que se pusiera puntual atención. Es importante y necesario en este punto, revisar, evaluar y regular los avances, ser claro en el logro y lo que se espera claramente, esto independiente a los alcances y avances. De manera inicial, en este ejercicio Alex solo evaluaría la acción con fundamento en: hecho o no, simple; no era el momento de complicar la historia, no en ese momento.

El ejercicio reunía algunos componentes básicos: higiene personal, higiene de espacios, un poco de ejercicio matutino, desayuno; por otro lado: horarios de trabajo y actividades productivas y comida; por la tarde dividir las acciones, cierre de actividades laborales y dividir por la tarde noche dividir en actividades recreativas, espacios de ocio, actos espirituales, cena y descanso nocturno. El orden era importante, el manejo de espacios, de tiempos, cuidar los tiempos de traslado y todas aquellas variables que podrían incidir negativamente en el logro. La tarea de ordenar tampoco fue simple, se llevó una tarde, pero se logró. Hubo días de pruebas, ajustes y finalmente empezó el ejercicio. Alex hizo una tabla con los detalles referidos, tenía un espacio de alcance que refiere lo que se esperaba de la actividad y una celda de cumplimiento que se contestaba como sí o no.

Empezar por la mañana es una forma natural de empezar. Sin olvidar que es relevante el retorno desde una estructura, regresar al orden direccionado, la búsqueda era una entropía negativa que es como dar en el centro de la diana, en la etapa inicial no se trataba de construir un imperio, sino regresar la confianza en Alex Espada, pequeñas pautas que nos permitan un acercamiento al logro. La idea inicial es salir del punto inicial, que aunque sea en una situación de crisis, se considera el origen del que hay que salir, romper con lo que está generando, no permitir que el tiempo detone desfavorablemente en la persona, que la lastime, la lesione o le haga daño. Al principio, la búsqueda está en retomar la historia, la dinámica favorable, más es importante tener claro en todo momento que habilitar, no será sencillo y mucho menos podrá encontrar todo lo que espera desde un principio, más es necesario intentarlo.

El cuadro se puede hacer de varias formas, es importante no limitarse, Alex Espada lo cambió en las primeras 4 semanas, se daba cuenta de que de lo que pensaba a lo que hacía había diferencias en lógica, sentido, temporalidad y esto lo hacía mejorable. Alex tuvo claro que la idea perfecta no existe, máxime si lo que ajustamos en una imperfección. Uno de los grandes retos es no desesperarse, no ser tan rigurosos con los posibles errores. Es importante tratar de plasmar todas las actividades. Quitar lo rígido y lo absoluto es el primer paso que acompaña las actividades que se programan, se requiere tener claro que lo esperado es eso, lo esperado; es importante que la persona asuma el resultado de lo que genera, por lo que el método no puede funcionar como una cadena o jaula o como un reloj de perfección, no tomar estos puntos de manera abierta y dispuesta podría influir desfavorablemente en los resultados.

En la primera etapa, con la generación e identificación de actividades y orden, sugiero, se maneje de común acuerdo, y cuidando que alguien apoye en la construcción y seguimiento de sus actividades, alguien en el que se le tenga confianza para que la observación sea tomada como eso y no se genere resentimientos. Alex espada en este ejercicio decidió recibir el apoyo de Carlos Daga, él se encontraba en el taller, era una daga que había sido utilizada por tablajeros, por artesanos de la madera, hasta por delincuentes, por unas monedas, él había llegado a manos del herrero en la idea de afilarlo y quién lo llevó no había regresado por él. Tenía ya años con el artesano y, a la llegada de Alex Espada, había sido un intento de anfitrión. Había apoyado a Alex y en insistentes ocasiones le decía que su actitud no ayudaba, que tenía que pensar en algo más que en la guerra, no había tenido mucho éxito.

Carlos Daga era como la conciencia de Alex Espada y le decía: —existen dos cosas que no podemos olvidar: lo primero es que es necesario que tengamos confianza en que las cosas funcionarán, segundo: que es valiosa la paciencia—, es indudable que al principio puede presentarse un tropezón tras otro, no es un requisito, pero si pasa, lo que sigue es intentarlo, esto no es señal necesariamente señal de no querer; si procrastino, puedo querer sin tener la fuerza o fortaleza de poder. Por eso nosotros ponemos orden como punto uno, prioridades, programa e insistir una y otra y otra, si se cae, se levanta, así, tantas cuantas veces haya caídas, habrá una levantada más, esto nos da la oportunidad de saber que hay compromiso con el intento, que si bien es cierto que esperamos que todo salga bien, queda perfectamente claro para Alex y Carlos que de la oportunidad es necesario aprender.

Lograr que Alex Espada sea consistente y quiera ejecutar el cambio, es el primer gran logro: que no vaya en la falta de energía, o la pereza, o cualquier versión de la resistencia, esto es un logro. Sin echar campanas al vuelo, ¡claro!, que despierte la capacidad de reconocer y energizar el logro, sin imputar o resaltar el error, es una primera parte, "El esquema de retroalimentación favorable", es un punto importante ubicarlo cuando el círculo vicioso es dominante. Todo en esta etapa es una gran oportunidad, las variables son una posibilidad amplia que hay que alinear a nuestro favor. Puede haber errores, eso es indiscutible, o se puede utilizar el acompañamiento como trampolín de despegue. Es una etapa inicial, la confianza que Alex y Carlos desarrollen dará las bases para que Alex Espada pueda sentirse con la confianza necesaria para poder avanzar. Es necesario no olvidar que la lógica es de adentro hacia afuera.

Primero se requiere **elaborar un plan**. Este deberá estar lo suficientemente detallado, debe alinearse a las tareas, con un objetivo y metas, ayuda a entender el proceso y a motivarse. Metas a corto plazo en una primera etapa son parte de la lógica, evítese grandes esquemas o muy complejos. Recuerde que la disciplina requiere de práctica para fortalecerse. Segundo, la **constancia** es la bisagra de la disciplina. El desarrollo de un hábito requiere de tiempo, cumplir con ciclos. Es sano empezar con pequeñas acciones diarias, así tomarás seguridad y mayor motivación al logro. Recuerda que el hábito se cultiva, dale tiempo, juicio y constancia. Insistir es necesario, resistir es detonante, en ese sentido, la constancia es la que empieza a generar la puerta de salida, El permanecer atento a las actividades, cumplir con ellas en ciclo de tiempo, nos orienta a pensar que todas las cosas están funcionando.

Tercero, **mantenerse positivo,** esto se define como el trampolín de impulso ante las diferentes circunstancias que se pueden presentar, con su uso se encarrila más rápido el hábito de la disciplina. No hay una ruta única, por lo que se necesita ser flexible en las ideas y que los resultados, la constancia y el mantenerse positivo, reconocer los potenciales y avances, más que los retrocesos, mantenerse positivo en la adversidad requiere de un darse cuenta activo. El cuarto punto es, **valorar el progreso** es pertinente saber cuándo y como celebrar, aprovecha y disfruta cada paso del proceso, tienes un plan elaborado, no hay pierde. Repasa tus metas y tareas, date recompensas, divide tus objetivos en fracciones y no lo minimices ni lo maximices. Valorar el proceso es un estímulo que permite darle continuidad y seguimiento a las acciones y establecer esquemas de control. Es importante no rigidiza el ejercicio.

La espada medieval tenía claro que adaptar y dar continuidad al hábito para hacerlo disciplina no era simple, tendría en todo momento la oportunidad y avanzar en el proceso, podría en todo momento ver los beneficios de mantenerse en actividad en lo cotidiano, esto serán importantes a la hora de pretender cambiar, ajustar o permanecer. Los beneficios directos a observar es: **mejora en la percepción** de sí y de su entorno, es importante en este punto tener en claro que nada es tan malo, ni tan bueno y es sano enfocar el avance, un **esquema más responsable** de la situación, lo que implica asumir la responsabilidad de lo que pasa, ni evadir y mucho menos culpar a alguien más y finalmente aprenderá a **ser más perseverante** que representa no desistir, sino resistir. La disciplina es algo que se implementa y que requiere orden, control, seguimiento y continuidad, así como presentar responsabilidad.

Un ejercicio básico en la construcción del hábito radica en la oportunidad que la situación nos presenta para aprender, no todo lo que pasa es como lo pensábamos, no todo lo que pensábamos era cierto y saber que con esfuerzo, disposición, intención y acción empezamos a generar una energía diferente, nuestra percepción de las cosas se ajusta, lo malo no es tan malo y lo bueno no lo es tanto, si logramos superar los obstáculos que se van presentando, podrás experimentar el logro, así cada logro nos cambia la dinámica de percepción y de pensamiento. Alex Espada aprenderá a valorar más su esfuerzo y a ser más consciente de observar al detalle de lo que eres capaz de lograr. De la misma manera, tendrá claro sus límites y limitaciones, como se construyeron sus limitantes sin crítica en un entender profundo, ser un observador activo de sí mismo, observando de manera más amplia, sin generar juicios.

Alex Espada estará en disposición a renunciar y dejar atrás algunas actividades de menor importancia, es necesario alinear todas las actividades al mismo esfuerzo, tener en claro los objetivos y permitirte ser puntual y **ser responsable** con lo que te comprometes. Al lograrlo, podrás asumir tus alcances y lo que otros generan para que las cosas sucedan, siendo consciente y asumiendo, no todo es tu culpa ni tu responsabilidad, pero considero que asumir lo que corresponde es trascendente. En el ejercicio es posible encontrar un equilibrio en lo que haces sin descuidar otros aspectos de tu desarrollo o de tu propia vida. Evadir la posibilidad de culpar a los otros, genera un caldo de cultivo importante en el logro, cuando se quitan de tajo los vicios que sustentaron por mucho tiempo la forma de relacionarme, permite una nueva forma de ver y estar en relación.

El reto que vamos construyendo en el tiempo, sin dejar de lado las actividades programadas, es llegar a **ser perseverante**, resistir los embates, y tener el valor de volverlo a intentar. Este es un factor de continuidad que se trabaja en lo cotidiano y se asienta en el tiempo. Este método podrá desarrollar tu potencial y en función de ese resultado es importante insistir, resistir y en el tiempo perseverar, ir más allá de las excusas y cuándo se presenten más obstáculos, brindar soluciones, es importante no permitir que nada te aparte del camino de lo que quieres hacer, de lo que quieres lograr. No desistir es ya una parte de la evolución al construir con el tiempo disciplina, permite la presentación, la regulación y la evaluación de las acciones, establece un vínculo con la continuidad, un soporte en las acciones y un esquema que se verá reflejado en los resultados.

Era claro para Alex Espada que adquirir el hábito de la disciplina no era cosa sencilla, su pensamiento estaba ligado a los distractores, a los pensamientos catastróficos, los espacios de ocio y la pereza. Es necesario, buscar que se logre en un paso a paso, más vale paso que dure y no trote que canse, en el tiempo la confianza hará lo propio, puntualizar en la busca de objetivos y metas y poder adquirir conductas favorables en la construcción de círculos virtuosos que serán básicos para que, se crezca en diferentes ámbitos de manera alineada, es el día a día, en continuidad. Ser conscientes y permanecer en conciencia no es simple, quizás es lo más difícil dentro del camino, aprender lo que se supone que se sabe y que se ha hecho y que nunca se supo que se perdió, más la acción necesaria para generar el cambio está dentro de cada persona, es un deber irrenunciable e intrasferible.

Llegará el momento en que creas
que todo ha terminado.
Ese será el principio.

Epicuro

CAPITULO V. DE LOS ESTOICOS

No gastes más tiempo argumentando
acerca de lo que debe ser un
buen hombre. Se uno.

Marco Aurelio

Pocas veces vemos la vida como una oportunidad, vemos su complejidad como un medio de desarrollo, crecimiento o mejora, vemos la vida como una gran escuela, un espacio donde voy a crecer. Alex Espada tenía claro que para lograr su reinserción era necesario fundir los metales, meterlo al molde cuidando que la empuñadura quedara alineada, aguantar el paso al molde y esperar la solidificación con el frío, para después, ya fraguado, calentar el metal al rojo vivo para sacar filo a base de golpes, devastando las imperfecciones, haciendo un metal común llevándolo a su máximo potencial, una espada medieval de batalla. No todos los metales aguantan ese proceso, las aleaciones de metales deben ser mezclas perfectas, deberán combinar dureza, fuerza, elongación, filo. No todas son armaduras, ni dagas o instrumentos de batalla, mucho menos son las que tienen el alto honor de ser espadas medievales.

No es un trabajo simple, el espadero es un artesano que en el potencial de su oficio hace parecer las cosas simples, sin ser un guerrero en el campo de batalla, en su taller hace las batallas más honrosas, silenciosas, discretas, pasa gran parte de su tiempo estudiando, fundiendo, moldeando, mezclando, fraguando, afilando metales, haciendo armaduras ligeras, resistentes, durables, gran parte de su éxito depende de sus buenos trabajos realizados, de la fama que las nobles espadas hagan en el campo de batalla. Sus clientes, los gladiadores, confían en sus espaderos, saben que del buen trabajo que ellos hagan depende en mucho lo que pasará en la batalla. Alex Espada había registrado fallo al afilarle. El herrero estaba confundido, molesto, era incómodo no poder descifrar el ya enigma de lo que pasaba con Alex. Todos los pasos daban el resultado que correspondía al proceso, al afilar, el fallo.

Si todo funcionara como espero, el mundo sería predecible, no tendría interés, impacto, el descubrir que en todo momento puedo hacer las cosas sin error sería aburrido, el artesano sabía que algo no estaba funcionando, no sabía si era lo que sabía de los metales, de las espadas, no entendía si era impericia, por no saber cómo moldear o afilar o ya a estas alturas, no podría afirmar si era Alex Espada que se estaba resistiendo a no fallar, el error de la batalla le había dolido al grado de no recuperarse emocionalmente, tener la fijación del error, generar ahora expectativas tan altas que no le permitía el logro y estar reciclando frustración. Era importante para el herrero no fallar más, por desgracia, Alex Espada podría dejar de ser interesante para reparar. Ahora era de interés del herrero y estaba dispuesto a generar un intento más, Alex se había convertido en un reto que estaba dispuesto a revisar y verificar.

Alex Espada no sabía si tendría otra oportunidad, más en este momento no tenía opción, solo se trataba de esperar y confiar en la buena intención del espadero. Hoy, más que nunca, Alex había replanteado unas ideas, consciente de que había llegado negándose a estar, pero en fallo, no pudo estar con su gladiador acompañándolo en su lecho de muerte, pero hoy estaba aquí entre un montón de metales con empuñaduras. Había la necesidad de salir del lugar donde se estaba, no por malo o bueno, solo por no querer. Al final no es lo que somos o para lo que estamos listos, es para lo que queremos, lo que está en nuestro alcance y decisión. Muchas cosas las dejamos a nuestra suerte, así como muchas oportunidades. Era más claro que, sin dudar, nos equivocaremos, perderemos orientación, podríamos perder el rumbo, el destino puede volverse un espacio irreal como efímero.

Alex Espada buscaba un sustento, un respaldo, su compañero de espacios y compañero Carlos Daga se le acercó y preguntó: —¿Qué pasa Alex, como estás, todo bien?— a lo que Alex respondió: —Estoy confundido, ¡siento que esto es más complicado de lo que pensaba y creo que no podré!—, Carlos lo miró con atención y asintió con la voz —Alex, es importante que no tengas miedo, esta es una batalla como en las que estás acostumbrado a luchar, solo que los enemigos son otros, diferentes, deberás estar estoico en esta batalla—, Alex replicó: —¿estoico?— Carlos confirmó: —¡Sí!— dijo Alex: —estoico, "fuerte, ecuánime en la desgracia"—. Alex Espada se quedó en silencio,

Carlos Daga se retiró pasando a su lado, le dio una palmada en la empuñadura y se alejó. Alex quedó en el pensamiento con la idea de "fuerte y ecuánime en la desgracia", ¡Wow!, complejo de entender, más parece práctico.

Es de esta manera como inició el recorrido de Alex Espada por el pensamiento estoico, buscó documentarse y encontró que, «el estoicismo es una escuela filosófica fundada a principios del siglo III a.c. por Zenón de Citio». Es definida como una corriente filosófica. Esta propone una visión del mundo en la que nuestras acciones se pueden pensar mediante una ética personal, basada en un sistema lógico y en una ley de relación de causa-efecto. Finalmente, todo nuestro hacer u omisión tiene consecuencias. Epicteto, uno de los filósofos estoicos más conocidos, dijo: «Decide lo que quieres ser y luego haz lo que tienes que hacer», bajo esta idea y lógica de pensamiento, la vida es una consecuencia, que tiene relación directa con nuestro actuar, con orden y teniendo una visión clara de lo que queremos lograr y luego tomar medidas concretas para hacerlo realidad, con orden.

Marco Aurelio, uno de los principales estoicos, definió los "epítetos para uno mismo" o lo que el general Mattis llamó "reglas planas". Sepa lo que representa y apéguese a ello, dijo. Dibuja la línea y mantenla. Bajo este principio, el estoicismo, en teoría, es una filosofía. Como práctica, es un conjunto de reglas para vivir, un orden con sentido lógico, una serie de pasos que nos permiten dar el seguimiento a los avances, a la evolución. Los estoicos creían que la vida era complicada y, que era agotadora, más es importante saber a dónde vas, cómo vas y con qué vas. Los estoicos crearon reglas para ayudar a garantizar que nos mantenemos en el camino deseado y definido, que podamos vivir en la complejidad y los matices de cada escenario individual, en los grandes y altos estándares que sabemos que tenemos, todo parte de una idea y una lógica del quehacer de las cosas.

Marco Aurelio, guiado en todo momento por la sabiduría y la virtud de la filosofía estoica, es reconocido como uno de los mejores líderes de toda la historia. Como dijo el historiador Edward Gibbon, «Marco Aurelio era digno del cargo que ostentaba». Entre la sabiduría y la virtud, orientaba su quehacer. Así, entre la virtud y la sabiduría, moldeó su pensamiento y su quehacer. Se preocupaba por cómo ser un ser humano más virtuoso, más sabio, más justo. Más inmune a la tentación como puede ser ante la presentación de la lujuria, la ira, la gula. Podía presentarse como una persona pragmática, compleja y poco empática. Marco Aurelio promueve al perfeccionamiento y a la purificación moral, a consolarse, profundizando en el conocimiento de la necesidad fatal que rige al mundo. Buscaba regir la conducta de los seres humanos, generar el virtuosismo y el fomento de los altos valores humanos.

Es necesario estar concentrado en el momento presente. La imaginación puede arruinar en el momento que tenemos presente. Ir al "allá entonces" hacia adelante o hacia atrás se presenta como un distractor, pensar de más las cosas sin acción puede provocar neurosis. Si analizamos una acción (escuchar, hablar, leer, escribir, estudiar) y ponemos toda nuestra atención en dicha acción, y actuamos de manera congruente y responsable a lo que pensamos, nuestros resultados mejorarán de manera importante. Estar en todo momento por delante de lo que pasa o regirnos, por lo que nos ha pasado, es perder asertividad en la acción en el momento que se presenta por generar un prejuicio referente. El pensamiento estoico requiere concentrarte en el presente, aquí y ahora, sin permitir el crecimiento incontrolable del pensamiento mágico, o un pensamiento con prejuicio dominante que condicione el resultado.

Alex Espada entendía que el pensamiento estoico era una mezcla de un pensamiento programado con acciones que dan soporte. Durante meses, él se había quedado en un cúmulo de ideas, pensamientos negativos, ideas no confirmadoras, estructuras mentales dominantes. El estado depresivo en el que se encontraba Alex estimulaba el pensamiento reactivo, esto imposibilita estar en el momento presente. ¿Cuántas veces pensamos insistente y recurrentemente con lo que pudo ser y no fue? Con lo que haremos mañana, o con lo que diremos cuando veamos a tal o cual persona?, ¿Cuántas veces preparamos la historia de lo que pasará mañana?, ¿Cuántas veces no podemos concentrarnos en lo que estamos leyendo o viendo porque estamos suponiendo en otras cosas?, ¿Cuántas veces estamos en una reunión presente con pensamiento en un lugar distinto?, es tanto el pensar que limita el hacer.

El principio estoico plantea la necesidad de practicar las virtudes que puedes demostrar: respeto, honestidad, resistencia, austeridad, resignación, abstinencia, paciencia, sinceridad, moderación, orden, mentalidad positiva. Es importante que de manera natural revises aquellas que son las partes que resaltan de tu ser, como entidades únicas. Es trascendental entender que podemos tener virtudes diferentes y tener potenciadas, una distinta a una persona que se encuentra en tu entorno. Es fundamental empezar el ejercicio práctico con lo que tienes por ofrecer, en el tiempo de crisis lo predominante serán las escusas o la negación, entonces, será necesario hacer una revisión de aquello que se requiere resaltar, empezar por lo más evidente, es sano si se requiere validar con otra persona, en este punto, el acompañamiento de Carlos Daga en este punto es básico.

Definimos en mucho lo que somos a partir de compararnos con nuestros pares, en muchos de los casos sin considerar que de estructura somos diferentes, y ahí comienza la distinción de nuestras diferencias, es de esta manera como establecemos referencia y calificamos, podemos construir envidia al ver a alguien hacer con muy poco esfuerzo algo que a mí me cuesta mucho trabajo o me es imposible, desde esa perspectiva, es valioso notar que esa es nuestra percepción de las cosas y no siempre la tenemos debidamente calibrada o nuestra percepción es certera. Como substituto de la comparación, es crucial reorientar y concentrarnos en la práctica, mejorar nuestra conducta, no generarla a partir de los otros, potenciar las virtudes, es un trabajo individual, darle continuidad, es un construir sistemático, es el equilibrio de la mejora, el ajuste y la continuidad lo que permitirá el cambio.

En una situación emocional, los principios estoicos pueden funcionar favorablemente. Para esta filosofía, «las emociones que nos afectan tienen relación con nuestras interpretaciones de las cosas, no los acontecimientos». Lo que nos lleva a construir emociones desfavorables, es cómo vemos las cosas, no lo que nos sucede. Seneca (4 a.C.-65 d.C.) planteaba que —Hay más cosas que pueden asustarnos que aplastarnos; sufrimos más a menudo en la imaginación que en la realidad—. Para el estoicismo, nuestra forma de percibir las cosas y su manejo emocional son causa de dolor. Aprendemos a transformar el dolor y lo convertimos en sufrimiento, lo que nos hace infelices. El reto está en aprender a ajustar y validar los pensamientos que tenemos, el cómo se vinculan con las emociones y generar un esquema asequible con nuestra realidad para poder así ser felices.

Es básico hacer algunas cosas a partir de un método, una secuencia y ser constante. Por orden, lo primero es no dejarse llevar por los impulsos, mucho menos por nuestras emociones, es en reacción. En este punto, ante una crisis, en tristeza y abatido por la realidad que percibo, es importante visualizar ejemplos que impulsen a cosas favorables, si alguien tiene tu admiración por cosas específicas, como por su inteligencia, por sus cualidades que tú percibes en ti o la percibes más desarrollada en otros; es el momento de descubrir cómo llegar a potenciarte o mejorar tu desarrollo. Por difícil que pueda parecer, el propio Marco Aurelio lo hacía cuando lo necesitaba, resaltaba las virtudes en otros y se animaba lo que reconocía en los otros para sí mismo en los momentos de dificultad y adversidad, basado primordialmente en la inspiración de los otros. Utilizaba la admiración como forma de potenciarse a sí, reconocía el valor en pureza.

En los momentos difíciles, regula los pensamientos catastróficos, máxime si estos son dominantes. Inspirarse en alguien relevante para ti, espejéate, busca reflejar cosas para resaltar, representa un punto de aliento, construye una oportunidad. Nada es tan alentador como cuando las virtudes se materializan visiblemente en las personas que nos rodean, son posibles. La energía que genera el planteamiento puede ser utilizándolo como impulso, cambiándolo de reto a empuje para ayudar con el resultado de las cosas, con lo que se presenta y cómo se expresa. En este momento el reto está en tomar recursos y utilizarlos como impulso, inspirarse en personas que se consideren dignas de admiración, crear la oportunidad para enaltecer ideas, conceptos, acciones o valores, iniciar con la decisión más complejo de esta situación, el ser conscientes y responsabilizarse, "tomar al toro por los cuernos".

Como referencia, Marco Aurelio en la práctica generaba el ejercicio de ataraxia o la imperturbabilidad del ánimo, como esencia del ejercicio, había que tomar las cosas con calma y aceptarlas como parte del destino, aprender a dejar de lado enojos, frustraciones y emociones polarizadas para vivir: solo, por y para la razón. No reaccionar, no ser someterse por el impulso, por lo que

Antes que reinicie la BATALLA,
La historia de una profunda lucha de reconstrucción interior

es importante tener en claro que cuando la razón no se encuentra impregnada por la emoción polarizada, tiene un referente, tiene calma, más cuándo es inyectada de una emoción en extremos, además de generar incertidumbre, provoca impulsos que pueden resultar desfavorables para quién lo vive. Es un esquema de práctica. En ocasiones los logros no serán en el primer tiempo y las circunstancias pueden generar un resultado no estoico, más como toda estructura. Aquí verteremos el modelo teórico, la aplicación depende de Alex Espada.

CAPITULO V. 1. EMPEZAR POR LA MAÑANA

Cuando te levantes por la mañana,
piensa en el privilegio de vivir:
respirar, pensar, disfrutar, amar.

Marco Aurelio

Alex Espada, que aún tenía pensamientos dominantes, representaba una forma de sabotear la propuesta perpetuando así la neurosis. ¿Cómo es realmente ganar la mañana?, ¿Qué se debe hacer al despertarme temprano?, ¿No tengo nada que hacer? Para Alex Espada, estas eran preguntas por responder, pues no le encontraban el sentido o el chiste a levantarse temprano, ¿Por qué?. Algunos estudios científicos presentan que, si se despiertan temprano, podrían tener un menor riesgo de padecer una depresión clínica. Diversos estudios del ritmo circadiano de sueño-vigilia del cuerpo han mostrado que ser madrugador está asociado con un riesgo más bajo de padecer depresión. Desde Alex solo representaba el aburrirse desde más temprano, no era visto como un cambio trascendente o como algo relevante. Esto atenuaba mantener el círculo vicioso que se potenciaba sin control, sin orden, en impulso.

Cuando levantarte de la cama en la mañana se presente como un problema, recuerda cuál es tu característica, tu sueño o eso relevante que te hace salir de ese lugar, lo que define tu ser-hacer, el gran reto es trabajar para ti, con y por los demás. Incluso si se compara este ejercicio el actuar de los animales, ellos utilizan el espacio de descanso, para reparar fuerzas, para descansar. Es la actividad característica, la más natural, la más innata y la que genera mayor satisfacción la que ejecutan. Cuando esto de manera natural deja de suceder, se debe a un concepto individual, un reflejo familiar o una imposición social, esto puede interpretarse o traducirse como falta de amor al sí mismo: «no te amas lo suficiente, puesto que de hacerlo amarías tu propia naturaleza también». En ocasiones es tan distinto lo que hemos construido de nosotros, vivimos en tanta velocidad y exigencia que ya ni siquiera nos conocemos.

Los estoicos nos hacen un llamado a la reconciliación con nosotros mismos, "el ser", de manera interior. Generar una modificación de adentro hacia afuera, estar en armonía, esto representa un proceso de reconstrucción que, al lograrlo, representará conciliarnos nuevamente con el cosmos y su sabiduría. No es un ajuste sencillo, ni de resultados inmediatos, si pensamos que salir de la armonía fue un cúmulo de insatisfacciones, postergaciones, sufrimiento, miedo y culpa, regresar a un estado de equilibrio llevará su tiempo. Alex Espada había perdido en mucho su ilusión, sentido y hasta su esperanza en el momento de descubrirse con el fallo, cuando fue dejado con el artesano, después su guerrero había muerto en batalla, de origen había perdido el sentido, el «para qué», ya nadie la requería, era solo un trozo de metal con empuñadura, pesada, sin filo, inservible y hasta ese momento, sin reparación.

El ser dueño de la mañana puede ser un sinsentido en un pensamiento de confusión, un perder el tiempo, aburrirse desde más temprano, no da sentido en un sinsentido, no es un eje donde no hay un punto de apoyo, Alex Espada quería encontrar lo lógico en un ilógico que tenía como forma de vivir. El ejercicio estoico es regresar a lo elemental, lo que antes parecía normal, ahora no lo es y es necesario retomar el orden. Dejar de pensar que todo lo hecho es para solucionar la depresión. Es tiempo de vivir las oportunidades con respeto, las mañanas como un regalo, así las actividades van encaminadas a seguir en el desarrollo, creciendo, evolucionando. Recuperar las mañanas es ganar una batalla directa, una que se daba con el paso de los días. De los estoicos, extraemos 3 hábitos: escribe un diario, dar un paseo y hacer un trabajo profundo. Analicemos a cada una de estas:

Escribir un diario

> «Examino todo el día y vuelvo sobre lo que hice y dije, sin esconderme nada, sin pasar nada, el sueño que sigue a este "autoexamen" es particularmente dulce».
>
> Séneca.

Se producen muchos pensamientos por día, contenido vasto para llenar un libro de más de 100 hojas diarias, solo que estos pensamientos no están ordenados ni siguen una estructura, por ende, no todos son de nuestro interés y no captan nuestra atención, esto provoca que nuestro cerebro utilice mucha energía de gran valía al tratar de ordenar nuestra mente. Al tiempo algunas ideas se van diluyendo, perdiendo precisión, orden, y hasta en muchos casos contexto. Para los estoicos es importante tener un registro de la vivencia, este registro era: escribe un diario. Cristina Baldwin, refiere que «escribir un diario, es un viaje interior», tener un diario en papel para los estoicos era una herramienta imprescindible, se aleja de las pantallas, obliga a detenerte, a contar con la posibilidad de reflexionar sobre tus acciones y pensamientos.

Dedicarse tiempo es importante para entrar en contacto con uno mismo, meditar, entrar en contacto con las ideas, los conceptos, la forma de traducir las vivencias y poder registrar muchos de los momentos que, de no hacerlo, podrían perderse en la vorágine de información. Para el pensamiento estoico, un diario ayuda a aterrizar y registrar las ideas que pasan por su cabeza y permite estructurar lo cotidiano. Es un medio utilizado en esquemas terapéuticos, holísticos para la expresión que, por una razón, ha demostrado su efectividad. La expresión permite aclarar la mente, funciona como un espacio de reflexión tranquilo y que le da un registro a las ideas, concreción a sus pensamientos a largo plazo. Practicar el estoicismo significa estar en consciencia presente, constante, definir lo que sucede en un modelo de monitoreo constante.

«Aquellos que no observan los movimientos de sus propias mentes deben necesariamente ser infelices».

Marco Aurelio

Centrarse en lo que está sucediendo en cada momento es la tarea, requiere mucho trabajo, es más fácil decirlo que hacerlo. Estar en tiempo presente, definir claramente los estímulos que se presentan, no prejuzgarlos, no tipificarlos, cuidar no ponerle emociones que no corresponden, no establecer espacios polares, es decir, ni hacerlo un amplio y encrucijado melodrama, ni hacer como si no pasara nada, cuando las cosas lastimaron. **Tener espacios, medios y sistemas que lo empujen hacia el bien es esencial.** En ese sentido, la máxima se vuelve a presentar: "el dolor es obligatorio, sufrir es opcional". Un esquema de conocimientos sociales, con fundamento en la familia, que nos den sustento y nos permitan soporte. Dejar de pensar buscando ganadores y perdedores y dejar de generar un pensamiento analítico rígido, profundo basado en verdad o razón.

Reservar espacios de tiempo para el análisis de la vivencia y la reflexión es valioso. Tener la capacidad de reflexionar sobre las formas como resuelvo las variables que se presentan en mi vida es trascendental. Ya el filósofo Sócrates expresaba que: «una vida sin reflexión, no merece ser vivida». Por naturaleza, somos reactivos, impulsivos, no queremos equivocarnos, pero como acto mágico nos exponemos al error insistentemente. La reflexión debe ser un espacio también de evaluación, tener la capacidad de identificar y definir lo que no hago bien, o lo que pude hacer mejor. Es importante estar abiertos a las situaciones que pasan en nuestra vida, esto que nos permita ver nuestra vida más allá de la acción, llevarlo al mágico mundo de la reflexión, del análisis y del registro, esto nos permitirá un estar estoico, en constante revisión.

«Ninguna pérdida debe sernos tan sensible que la pérdida de tiempo, puesto que es irreparable».

Zenón de Citio

Dar un paseo

«Te conviertes en eso a lo que prestas atención».
Epicteto

Alex Espada estaba en atención a sus cambios, a lo que pasaba de sí, regresar a dormir por las noches y empezar las actividades por la mañana llegó a ser complicado en los primeros días. Su cuerpo protestaba, desajustaba la idea como si fuera esto de manera natural, representaba un esfuerzo dormir por la noche y despertar temprano para iniciar las actividades, era de origen un reto; parecía como un sinsentido, la forma de resistirse era y de sabotearse era desde el cuestionamiento en el pensamiento, por ejemplo, Alex solía reflexionar —las mismas actividades que hago por la mañana, puedo iniciarlas por la tarde—, este pensamiento se presentaba como una resistencia al cambio. Una parte del medio donde estaba colaboraba, ellos en su estado no se levantaban temprano, no generaban actividades, parecían muertos en vida, Alex lo notó con su mejora.

Con el despertar por las mañanas, la energía corporal empezó sé otra, el biorritmo de Alex Espada empezó a ser diferente, así como su estado de ánimo, se sentía vivo, energizado, la mejora se dio solo con romper la rutina del sueño, ajustar los tiempos y regular a la persona, para los estoicos, dar un paseo era una forma de entrenamiento mental, salirse del aislamiento, romper con los pensamientos recurrentes, dar un paseo era un medio de conectar con el inconsciente, mover el cuerpo para generar desde él energía. Para los budistas, pasear lleva a tener una vida más elevada, feliz y saludable, resalta conceptos, proyecta ideas, calma las pasiones, disipa, distrae. Dar un paseo, potencia el pensamiento y permite la circulación de ideas, lo hace presente, nos lleva a imaginar en libertad, permite romper rutinas en lo físico y en lo emocional.

Dar un paseo es un ejercicio que, de manera inconsciente y ritual, nos permitirá el desbloqueo físico y mental, una parte de la mente que no está contemplada, que no es tocada o no estimula. Todos los caminos te llevan en el paseo la contacto más profundo de tus ideas, de tus pensamientos, del análisis, de ensimismarte, ver las ideas más allá de la razón, permitirte introspectar más, hablar en voz alta lo que se podría mejorar, pensar diferente atreverse a formular ideas no escudriñadas en la práctica. Es abrir un momento de intimidad que permita el fluir de los conceptos, las ideas y las posibles respuestas. Esto armoniza el aprovechar la mañana, generar energía, alineando el pensamiento y desbloqueando los medios que podrían saturarse. Es un acto armónico, literal, todo se pone en movimiento y eso es uno de los retos en esta etapa del proceso.

«En ninguna parte puede hallar el hombre un retiro tan imperturbable y tranquilo como en la intimidad de su alma».

Marco Aurelio

Con una mente tranquila, uno puede presentarse con su mejor forma. Con los demonios desactivados es posible ver las cosas de manera más amplia, no encajonarse ni dogmatizar una idea. La paradoja es que quizás la mejor manera de aquietar la mente es poner el cuerpo en movimiento. Que es una realidad indiscutible, el binomio hacer-pensar debe ser un actuar intenso, permanente y continúo. Y no se necesita ir tan lejos, o tan rápido. «Deberíamos dar paseos errantes al aire libre», dijo

Séneca, «para que la mente pueda nutrirse y refrescarse». En los momentos de crisis, para acallar el pensamiento recurrente o las ideas dominantes, dar un paseo puede resultar un medio para la desaturación de ideas. Al momento en que nos aislamos a las personas y buscamos la soledad, el reto sería buscar, convivir, encontrar y relacionarnos la respuesta.

La clave de lo que podríamos considerar un buen paseo es estar presentes, ser conscientes de la experiencia, disfrutar el andar, los colores, los olores, reencontrarse con el traspirar, de hacer cambios de ritmos en la velocidad, aprender a disfrutar. Concentrarse primero en caminar y en tu respiración hasta que sientas tu cuerpo. El pensamiento se alineará, las ideas que pueden estar complicándote la historia pueden ser expuestas en ese andar, cuando estemos en presente. Ve despacio, no se trata de llegar a un lugar, o adelantarte a nadie. No es una competencia, es solo un momento de desahogo, no es quemar calorías, o grasa, ni tampoco sudar a chorros. Libérate de llegar primero, de ganar, trata de disfrutar solo el andar, solo eso. Obtén lo hermoso del sitio, lo bello del paisaje y deja que tu mente vague, quítale los seguros, las amarras, no la controles.

Haz un trabajo profundo

«Hazlo como si fuera lo último, lo más importante».
Marco Aurelio.

Marco Aurelio aprendió de su padrastro Antonimus cómo trabajar muchas horas, cómo permanecer suficiente tiempo en la silla de montar. Admiraba de él, incluso como programaba sus descansos para ir al baño para poder trabajar durante períodos largos o ininterrumpidos. Los estoicos sabían que «el buen trabajo se realiza en pequeños pasos». Grandes proyectos, grandes errores. Un día puede ser tan volátil que si no tenemos planes y a su vez, estos no están claros, o no están alineados con la realidad que vivimos, el día se puede desmoronar sin que tengamos la oportunidad o capacidad de responder favorablemente, es posible dejar en claro que la fuerza de voluntad se puede evaporar con solo el querer de las cosas, sin una idea clara, un sentido y un objetivo, puede diluirse o perderse la intención, generar una inercia contraria a la que tengo es la respuesta.

Alex Espada aprenderá a desarrollar la capacidad de priorizar, aprovechar cada oportunidad que la vida le presenta para hacer algo con significado, disfrutar cada momento, hacer la diferencia en su propia vida y la de los demás. Intentar desde su conocimiento, habilidades sin perder la seriedad, orden y respeto y profesionalismo. Teniendo claro que la perfección no existe, por lo que si algo no funciona, solo es de volver a intentarlo. Generar momentos significativos, estando presentes, sin preocuparnos por lo que pasó o lo que pasará. Abiertos a la nueva experiencia, dispuestos a aprovechar cada oportunidad para aprender algo nuevo. Estar dispuestos a arriesgarnos, a salir de nuestra zona de crisis, experimentar y procesar formas nuevas de ver la vida, de percibir el mundo, de procesarlo y de reaccionar, en consecuencia, en amplitud.

No todo lo que vivamos en experiencia será favorable, positivo o de nuestro agrado, eso podría representar más la idealización de un concepto o la utopía en un actuar. Me deja en la experiencia una riqueza, una vivencia desde mi contexto, interiorizado y con la valiosa oportunidad de poder decidir lo que quiero. Lo que expreso desde lo que soy, sin menoscabo o predisposición a lo ocurrido, es solo la respuesta de una experiencia, que no necesariamente me agradó. Disfrutar los momentos nos presenta ante la posibilidad de ver y valorar nuestra propia evolución, aprender a tomar el tiempo para disfrutar de la compañía de los demás, generar acciones que me permitan desarrollar mis habilidades, entender mis errores como parte del propio crecimiento, tener claro que si me equivoco, o me falta habilidad, el reto está en insistir, en resistir.

Saberse aprendiz, ubicar el momento, el lugar, la circunstancia de la experiencia, sin que esto represente devaluación del ser, es solo un momento, y la experiencia, desde el lugar donde se vive, parte del todo. Esto en la mayoría de las ocasiones se presenta como una limitación al aprendizaje, bajo el paradigma que ya lo sé, la duda podría presentarse bajo la concepción de «¿Qué es exactamente lo que sabes? O ¿sabes qué hacer, pero sabes cómo hacerlo?», mucho del quehacer de las personas está directamente vinculado con la forma que perciben mundo y cómo se perciben ante él, con muchas de las ideas preconcebidas de éxito, felicidad, amor, compromiso, respeto, tolerancia, y con la relación que esto tiene con el poder, la felicidad, la riqueza y la prosperidad; la confusión se da cuando la brecha de lo que tengo y lo que espero no está alineada.

Aquel que busca el reconocimiento, poder o riqueza desde lo que tiene, se enfrenta a vacíos existenciales como: soledad, descalificaciones, desórdenes que no son planteados en las ideologías. Muchos de los que opinan de las cosas, hacen eso, opinar, idealizar desde su ignorancia, o como referente en resultado único, individual y, por tanto, difícil de replicar. Pero ante la necesidad de pertenecer, de ser, de reconocimiento, hoy tomamos estos modelos, esquemas que parecen ser, que dicen ser, y resultan ser formas insostenibles. Alex Espada despertó, ya era una espada medieval y además una espada de combate; eso ya nadie se lo podía quitar y tenía una historia de sustento, más si seguía esperanzada que alguien hiciera algo por ella, cometía un grave error, evadía la responsabilidad de sí y daba por hecho que su guerrero la rescataría.

No dejaba de ser una hermosa espada medieval por no tener un guerrero que la empuñara, pero lo que sí era inminente era que, si era requerida, tenía un fallo y no tenía filo, por lo que no sería opción al momento de la elección. En ese contexto, ni el mejor espadero de la época, ni el artesano podrían hacer mucho por ella. Si no estaba lista para dar el siguiente paso, no sería tomada en cuenta para la guerra. Ninguna batalla sería posible, por lo que solo era elegible si estaba lista para librar la batalla de su recuperación. En los últimos tiempos había sido difícil, la situación la había arrinconado, había puesto de manifiesto sus debilidades. Era claro que el futuro sin presente era inexplicable, de poco le servía añorar las hazañas del pasado, las grandes batallas y éxitos estaban solo en sí, el ahora era claro, no estaba lista.

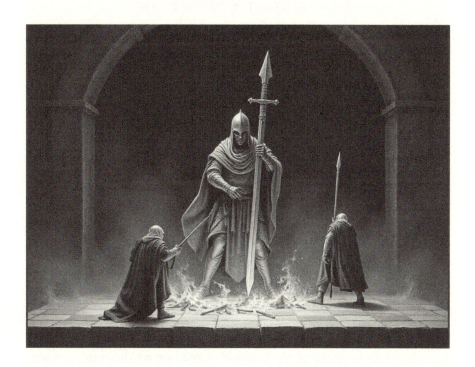

CAPITULO V. 2. ENFÓCATE EN LO QUE ESTÁ BAJO TU CONTROL

La tarea principal en la visa es simplemente esta:
Identificar y separar los asuntos para que
pueda decirme claramente cuáles son externos
que no están bajo mi control y cuáles tienen que ver
con las elecciones que realmente controlo...

Epicteto

El exceso de control genera dispersión, Alex Espada había aprendido en su actuar como espada de batallas medievales que tenía rudeza, rigor en el combate, certero, agresivo y con un rigor poco visto en sus similares, esto aunado con un gladiador hábil, fuerte, ágil e inteligente hacían la combinación perfecta, eran imparables. Esto dejaba en Alex Espada una percepción de superioridad, parecía que tenía el control, que era infalible, inmutable. En muchos puntos lo creía, los resultados lo decían. Cada celebración, al estar frente a su guerrero, le daba el estatus, la posición. Era claro que esa posición de poder y autoridad generaba furor y humores, de la misma manera que generaba una admiración y respeto para muchos, para otros representaba la furia de sus detractores, refiriendo de la suerte que tenía, las envidias eran parte del entorno sin que nadie pudiera hacer nada al respecto, eran sus admiradores frustrados.

Desde esa perspectiva, no tenemos el control de todo. La práctica más importante de la filosofía estoica es diferenciar entre lo que podemos cambiar y lo que no. Marco Aurelio decía que «no importaba que digan o piensen los demás, solo importa lo que hagas». No es un ejercicio simple, ponerlo en práctica menos, en muchos casos, tenemos una necesidad por ser aceptados y reconocidos por los que nos rodean, por ser el protagónico de la historia de la vida. La necesidad de ser quien salva al mundo es imperiosa. Desde esta idea, lo más valioso no está en la acción, sino tener en claro lo que es mi responsabilidad y lo que necesito gestionar, lo que no está en mis manos ni a mi alcance. Uno de los grandes conflictos personales radica en creer que soy la posibilidad de que la gente cambie, que mejore. Salir de esa idea puede ser difícil, representa en muchos casos romper con esquemas de vínculo, relación, apego, de ego.

Dejar de intentar controlar lo incontrolable puede repercutir en dolor y en un manejo histriónico que desemboque en sufrimiento. Vivir en una vida estoica requiere primero: confiar en ti y en tus acciones. Solo en lo que depende de ti. Mantén la distancia con respecto a los demás, algunas cosas son de orden natural, como puede ser la vida. Cuida el riesgo de lo que no puedas controlar. Controlar significa que podemos, modificar algún aspecto del entorno o de nuestra vida. Tenemos la creencia de que si controlamos algo, tendremos poder sobre ello y en un momento la capacidad de decidir su rumbo. Se requiere tener un enfoque por lo que está bajo tu control, los griegos lo definían como «elencos», que es enfocarte en lo que está bajo tu control, da orientación y certeza a la forma de actuar, es importante que se tenga claro los límites y los alcances en el actuar, esto dará certeza y tranquilidad.

El planteamiento equívoco es creer en todo momento y en todos los casos que las cosas fallan por ignorancia, impericia o negligencia. En ocasiones el error no tiene que ver con eso, puede ser más el lugar, la forma o el medio. En ocasiones, aun haciendo lo que me toca y enfocándome en ello, las cosas pueden no funcionar y no representan que algo esté mal. Si la idea de vida es competir, generará estadios dolorosos; si la idea es aprender a vivir, será un medio para fomentar el crecimiento, el desarrollo, más allá del aprendizaje. Generar un desenfoque, o querer resolver todo, dispersa la energía, la atención y complica en muchos casos el pensamiento y la forma como recibir los embates de la vida. Tener la errónea idea de que "entre más abarco, más tengo el control" funciona en forma neurótica, pues el abarcar más allá de su campo de atención, disminuye la posibilidad y capacidad de resolución.

Bien lo plantea Sempronio, personaje de Fernández de Rojas en la Celestina, al pedirle «concentrémonos con lo razonable, no sea que por querer más lo queramos todo, que quien mucho abarca, poco aprieta». No nos perdamos en el egocentrismo de tenerlo todo y no poder abarcarlo, no saber consumarlo, no tener la capacidad de gozo o disfrute. O esa incapacidad de ver lo que tengo, en la necesidad de obtener lo que me falta, generando rigidez, dureza, mal humor, poca empatía. Desde esa perspectiva, cobra espacial importancia dejar en claro de dónde surge la preocupación excesiva por el control, y como esto puede incrustarse en nuestra forma de pensar y puede resultar difíciles de manejar, la paradoja de tener el control ya no es solo una idea, ni siquiera es una necesidad, se termina consumando como una adicción, como un medio de vivir, tratando de inmiscuirse en temas sin que me corresponda.

La dicotomía del control de Epicteto es el nombre que se le da a la habilidad de saber diferenciar qué está bajo nuestro control y qué no. Pera Epicteto, en su Manual de Vida, nos refiere que «la felicidad y la libertad comienzan con la clara comprensión de un principio: algunas cosas están bajo control y otras no». Saber diferenciar dónde poner el foco de atención es nuestra responsabilidad, y tiene importancia práctica. «De nosotros depende el juicio, el impulso, el deseo, el rechazo, y, en una palabra, cuánto es asunto nuestro.» Y no depende de nosotros el cuerpo, la hacienda, la reputación, los cargos y, en una palabra, cuanto no es asunto nuestro, según Epicteto desde su planteamiento. Así, en el estoicismo, se reconoce como una causa de sufrimiento, tiene que ver con no diferenciar lo que tenemos control de lo que no, pero sobre todo hacernos responsables de lo que depende de nuestro control.

Para Alex Espada, esto era un aprender en un curso intensivo de su propia vida, la dicotomía de control le ponía como estructura límites, entender que no podemos creer que todas las cosas dependen enteramente de nuestro control. Mariano Alameda propone «No tiene ningún sentido intentar controlar la idea que los demás tengan de ti». Abandona el intento enloquecido de que los demás tengan una idea positiva de ti. El que no haya un encuentro con él otro, o lo que esperamos, no depende exclusivamente de mí, ni del otro, por lo que es importante darnos cuenta de que, todo esfuerzo puede ser un desperdicio, si lo concentro en buscar aceptación o aprobación, representa un primer paso para la libertad interior de atrevernos a ser quienes somos en relación, teniendo en cuenta lo que podemos controlar y lo que no. Establecer principios heroicos o de sacrificio puede ser un error en esta idea.

Para Marco Aurelio, «si estás molesto por una causa externa, el dolo no se debe a la causa misma, sino al valor que tú le das y tienes el poder de revocar ese valor», por lo que debemos aprender a que le doy valor en mi vida y como este valor dado afecta para el desarrollo o desempeño de la misma. En propuesta simétrica no encontramos con la tricotomía de control, en este caso se diferencia, lo que depende totalmente de nosotros (objetivos fijados, su alcance, la competencia construida), lo que parcialmente depende (forma de tomar decisiones, reacciones, manejo de impulsos) y lo que está totalmente fuera de nuestro foco de acción (amanecer al siguiente día, que salga el sol). La mayoría de las personas se preocupan y sufren por causas que no dependen de ellas. Un claro ejemplo puede ser la opinión de los demás. ¿Cuántas veces dejamos de hacer cosas por el "qué dirán", por miedo a fallar?

La vida funciona de manera similar a una competencia, si conoces la disciplina, las reglas, si has entrenado suficiente con disciplina, constancia y responsabilidad, más el día de actividades das lo mejor de ti, habrás hecho un gran trabajo, pero no estará en tu control que ganador seas tú, o que todo salga como esperas. Alex Espada era una espada líder, con poder, implacable, solo que en la última batalla tuvo un fallo, posiblemente real. Llegó con el espadero en su momento, según para ser revisado, el error era contundente y no estuvo con su guerrero en su última batalla. **Pasó un tiempo lamentándose por esa parte de la historia, pero no sirvió de nada. Si** a causa de la batalla nos lesionamos, pasamos a formar parte del pasado. Es tiempo de aprender de esa experiencia y construir el momento presente, recuperarnos lo mejor posible.

Lo que hagamos hoy influirá en el futuro. El estoicismo quiere que te diferencies. Si te centras en lo que no depende de ti, generarás una brecha inalcanzable. Sus consecuencias: frustración, miedo y ansiedad, en el ejercicio malgastarás tu energía y esfuerzos en una batalla que, antes de comenzar, ya está perdida. Sin embargo, si eres capaz de poner el foco en aquello que tienes poder, avanzarás y te acercarás más a tus objetivos. La analogía que utiliza Cicerón del arquero, que quiere alcanzar un objetivo con su arco, lo refiere: —*de él depende la tensión de la cuerda y la dirección en la que apunta, pero una vez que suelta la flecha, esta dejará de estar en su poder y control, por lo que cualquier movimiento del aire o del objetivo podría alterar el resultado.* Si acierta en la diana o no, depende de otros muchos factores. El acierto le dará confianza, el error, la oportunidad de aprender un poco más de su disciplina.

> «Señor, concedeme serenidad para aceptar aquello que no puedo cambiar, fortaleza para cambiar lo que soy capaz de cambiar y sabiduría para entender la diferencia ».
> Marco Aurelio

CAPITULO V. 3. NO SUFRAS POR PROBLEMAS IMAGINARIOS

Nuestra vida es lo que
nuestros pensamientos crean.

Marco Aurelio

Tener preocupaciones en la vida es común, vivir preocupado puede ser hasta cansado, en la vida podemos afirmar que el dolor es parte del crecer en la vida, sufrir es una toma de decisiones, las preocupaciones se presentan a partir de emociones frecuentes que surgen cuando sentimos duda de lo que pasará. Inicia con una idea o pensamiento que aparece en nuestra mente de forma intrusiva, logrando desviar la atención de lo que estamos haciendo; estos pensamientos pueden aparecer continuamente en el día, generando una recurrencia que puede provocar angustia y perturbar nuestra tranquilidad. Alex Espada tenía claro que era el tiempo de recuperarse y sentía estar en condiciones de iniciar, pero su pensamiento perdía en ocasiones orden y lo llevaban a la reflexión de ¿para qué?, ¿va a valer la pena?, ¿lograré repararme completamente?, ¿podré volver a ser la espada de guerra e ir otra vez a combate?

En un momento de preocupación es posible percibir situaciones y acontecimientos como amenazantes, incluso cuando no lo son, es posible despertar las alertas, estar a la expectativa; es posible presentar dificultad para lidiar con situaciones de incertidumbre, lo incierto en sí puede generar inestabilidad y crisis. En este momento, puede presentarse un conflicto en la toma de decisiones por miedo a no tomar la decisión correcta o por miedo a fallar, esto aunado a la incapacidad de dejar de lado u olvidar una preocupación. Alex Espada estaba en esta situación, primero: tenía una recurrente preocupación porque el espadero no lograba repararla, volvía a presentarse el fallo y segundo: al enterarse de que su guerrero había sucumbido en la última batalla en el campo, incluso se había perdido la espada diseñada a su medida en el campo de batalla, para Alex era el momento, más ya habían pasado algunas oportunidades.

La forma como me enseñaron a ver el mundo, de percibir las cosas, de procesar, de responder, de vivir las consecuencias, define la forma de experimentar la vida, determino medios, esquemas y parámetros de cómo me han enseñado a que pasan las cosas en la vida. Todo lo que rompe con el esquema identificado, lo que lo contrasta o diferencia puede representar intranquilidad, es una ruta que no lleva a nada, más como un camino, puede ser utilizado al estructurar el pensamiento de las cosas. Esta intranquilidad en algunos casos causaron preocupación, reflejándose con problemas emocionales, interpersonales, cansancio, agotamiento. La vida está cargada de situaciones que presentan insatisfacciones y crisis, algunas con sustento real y otras con estructura en la percepción que nuestra mente traduce a partir de su realidad, pero que no embona con los referentes conocidos.

Marco Aurelio decía: —La tranquilidad llega cuando dejas de preocuparte por lo que dicen—, ¡sí! Sin dudarlo es posible, más requiere que el ser humano genere un callo en su interacción, en su forma de relacionarse, pero sobre todo en la forma como interacciona con el mundo que le rodea. En el discurso, Alex Espada lo argumentaba: —Yo no vivo de lo que dicen, a mí, eso no me interesa—. Más en la práctica, como entidad relacional, le era importante el cómo ser recibido por lo que le rodea. Continuamente somos presa de las historias que contamos y las que nos cuentan, ideas, supuestos y expectativas, en muchos casos cuando nos señalan como adjetivos, nos duelen intensa y profundamente. Aquellos que se preocupan recurrentemente, experimentan ansiedad. La persona que llevan tiempo practicando este tipo de patrones de pensamiento, lo constituyen como una forma normalizada de estar en el mundo.

Alex Espada, después de haberse lastimado en la batalla, empezó con un deterioro de ideas con respecto a su nueva condición que denominó: «inservible, un pedazo de metal con empuñadura, ya no sirvo para nada, entre otros». La preocupación se empoderó de su pensamiento, polarizó su orgullo y lo hundió en grandes estadios de angustia, tristeza, silencio y aislamiento. En este tiempo, tras 3 intentos de reparación, el fallo permanecía sin explicación; esto fortalecía el pensamiento catastrófico de minusvalía, despertaba la preocupación que detonaba ansiedad en la posibilidad de no cumplir con lo que se espera, no ser suficiente. Este pensamiento atormentaba las noches de silencio y soledad de Alex. Sufría más a causa de sus pensamientos de descalificación que por lo que pasaba. Era más fuerte su idea que la realidad, más la forma de vivir la vida y las experiencias estaba en función de lo que percibía.

En algunas ocasiones, Alex recordaba la sensación de preocupación y de angustia que vivía los días antes de iniciar la batalla. Este pensamiento se agudizaba al ir rumbo al campo de combate, consciente de que podría ser el día de la batalla final. Estos pensamientos anticipados pueden representar una ventaja, pero si la brújula falla o se desorienta, el resultado podría ser catastrófico. Durante los días anteriores a la batalla, Alex Espada se la pasaba en alerta con ansiedad, le costaba dormir y cuando lograba conciliar, estaba en un estado de alerta, presentaba síntomas como dolores estomacales, dolores de cabeza, entre otros, que no eran nada más que la ansiedad antes de llegar al momento de lo desconocido. Esto pasaba seguido, pues cada batalla era un momento nuevo y en este momento de habilitación era de incertidumbre, muy parecido a lo que pasaba en los momentos previos al combate.

¿Alguna vez te has preocupado por algo que no acaba de pasar?, ¿sufres por causas imaginarias?, ¿te preocupa recurrentemente lo que pasará en tu futuro?, Alex tenía que cuidar sus pensamientos como un ejercicio a observar, revisar el ejercicio como un observador externo, no dejarlo en toda su libertad. Es necesario acostumbrarse a prestar atención a lo que se piensa, a lo que se dice, detectar a todo aquello que causa la ansiedad anticipatoria. Estar por delante en el pensamiento puede ser caótico y dañino. No se trata de controlarlo de forma neurótica, ni luchar con su pensamiento, generar resistencia, no favorece, no dejar espacio a las ideas dominantes, a los pensamientos catastróficos, ya que, aun en la remota posibilidad de que sucedan, anticiparse solo provoca un sufrimiento adelantado. Se requiere no despegarse del presente, las cosas que van a pasar, van a pasar, a pesar de tus pensamientos.

Otro de los errores frecuentes que se pueden presentar y que nos llevan a generar dolor y sufrimiento por causas imaginarias es creer «como sí, o suponer». Quedarse en un espacio de incertidumbre donde todo es incierto, ¿el reto es dar certidumbre en la incertidumbre? Sacar conclusiones sin tener evidencia suficiente o generar expectativas basadas en una idea es utópico, además poco probables, genera inevitablemente frustración. Por otro lado, sacar conclusiones sin tener evidencia suficiente o generar ideas sin tener indicios sustentables, se considera fantasear. Esto complica la forma de recibir ideas y construir los conceptos, ya que pienso lo que creo y si lo que creo no tiene sustento, y lo creo, lo que construiré será a partir de un error, esto puede generarnos conflictos internos y en el contacto con los otros puede ponernos en una realidad irreal e insostenible. Vivir sin comprobar puede ser caótico.

Cada vez Alex Espada estaba más indefenso frente al sufrimiento que acarrean los pensamientos. Había aprendido a sufrir más por sus pensamientos que por los problemas reales. Es más difícil escapar de las redes del terror que construye en su mente, que hacer frente a un problema manifiesto, real. **Es muy común que ante la posibilidad de un problema, la idea pensada sea la peor.** Los pensamientos catastróficos encuentran un punto de apoyo en la historia, una base de realidad, sobre ella construye la tragedia, "una pisca de *verdad;* por todo lo demás es imaginación". Un primer paso es delimitar bien el problema y evitar adelantarse a lo que todavía no ha ocurrido. Lo que *puede pasar es una posibilidad,* ya es campo de la imaginación, de los pensamientos, las experiencias, de las ideas, de los recuerdos que aparecerán a raíz del ejercicio mental.

Séneca expresó que «a menudo estamos más asustados que heridos; y sufrimos más de la imaginación que de la realidad». Entonces, «lo que te aconsejo que hagas» continuó: «no seas infeliz» antes que llegue la crisis. Alex Espada había perdido ese entusiasmo, dejó de ver las cosas hermosas que le generaba la vida, las cosas dejaron de tener el interés requerido. «Tenemos la costumbre de exagerar, imaginar o anticipar el dolor». Evita preocuparte demasiado por lo que va a pasar, cuida que la ansiedad se apodere de ti. No dejes que las preocupaciones crezcan fuera de proporción, que se reflejen presentando más tu miedo que lo que pudiera pasar. No dejes que la imaginación se apodere de la realidad, visualizar el futuro en positivo no solo evita el sufrimiento en el presente, sino, nos dispone a actuar favorablemente en la búsqueda del logro, ampliando la posibilidad de alcanzar el éxito.

Si en tu vida experimentas miedo, ansiedad, tristeza u otro tipo de emoción, es crucial que comiences a prestar atención a tus pensamientos. El origen de tu sufrimiento, no es por realidades o hechos consumados, sino por lo que se genera producto de su imaginación. Es la forma como defino las variables que se presentan y la capacidad de imaginar todo lo malo, lo desagradable que me podría pasar. Representa la capacidad de vivir en el ahora, muchas cosas tienen forma, sentido, orden, esto no garantiza que cosas desfavorables no vayan a pasar, más si cuido los riesgos, la posibilidad de que pase se debilita y disminuye. Gran parte de lo que definimos como problemas y preocupaciones dejan de estar, si quieres deshacerte de los malestares innecesarios, toma conciencia que una parte relevante de los problemas las generas tú, por lo que si tú los construyes, tienes la capacidad consciente de mesurarlos.

Ahora será necesario que Alex Espada pase las ideas a la práctica, entender lo que pasa en la lógica, puede ser un ejercicio no tan complejo, más en la razón o como razón. Quererlo resolver puede ser neurotizante como no práctico, frustrante y generar escasos o nulos resultados. Redireccionar la imaginación y orientarla la acción permite evitar que se construya un generador de problemas, de pensamientos obtusos, pensamientos dominantes o ideas catastróficas, desde la práctica nos permite tener formas diferentes de resolver a las mismas variables, es probable que más de las que hasta el problema hayas probado, esto es importante practicarlo, además de generar soluciones más prácticas, permite construir más opciones dinámicas para la solución de los problemas conocidos y los que se puedan presentar. Era importante cuidar lo que Alex pensaba y actuar en consecuencia.

Es necesario aprender que no es sano ni necesario sufrir por problemas imaginarios, más es importante no construir pensamientos que terminen deteriorándose por la preocupación, la ansiedad, el miedo, la incertidumbre o la culpa, esto no es una tarea simple, por lo que los estoicos proponen poner atención en algunos puntos específicos, si bien es cierto por lo que hay que revisar los pasos que se plantean, será necesario ser escrupuloso en la forma, estar abierto a las variables que se presenten, no aferrarse al control manifestado como razón o verdad, una forma de ver o percibir el mundo no determina que esa forma aplica para todas las personas y en todos los contextos. Si bien estos puntos no representan una regla milimétrica, ni estricta, podrían tomarse como un principio de orden que nos permita visualizar un método que nos lleve a los resultados, a Alex Espada le faltaba orden para no sufrir a causa de su imaginación, por lo que empezó por:

COMPRENDER LO QUE PASÓ. Es necesario hacer un análisis de lo sucedido, identificar cuáles son las consecuencias, definir las acciones concretas para abordar el problema, Alex Espada tenía un fallo que se generó en la última batalla y lo llevó con el herrero para su reparación a través de su guerrero. Se requiere tener un conocimiento amplio sobre lo que pasa, para que nuestro pensamiento no se ponga en versión novela melodramática. Se requiere tener información lógica, concreta, es importante en este punto no permitir al sentir que invada la idea. Ser preciso con la idea central y no desviarse en creencias o sentimientos, tener la capacidad, no permitirse pensamientos que definan sufrimiento. La razón y la lógica vinculadas, definir las posibles implicaciones, alcances del problema o daño, es importante de ser necesario enfocarse a buscar soluciones evitando fantasear.

Ahora Alex Espada vivía la experiencia que su guerrero había muerto en el campo de batalla, más hoy más que nunca era necesario tener en claro que la postura de tristeza que vivía Alex requería ser un salto hacia la solución del fallo en su metal, antes de regresar al campo de batalla, era necesario estar lista física y emocionalmente, fuerte, altiva, filosa. Cualquier otra idea dominante o pensamiento desfavorable no era más que la forma recurrente generada para no avanzar, era el detonante para permanecer en el sufrimiento, planteando lo dolorosa que es la situación que le pasaba en su vida. Comprender lo que pasó es un acto de la razón, ser preciso, claro, teniendo la capacidad de definir, no impregnarlo de la emoción ni las ideas que no permiten avanzar en el proceso, tener en claro una idea clara, no lo que nace de ideas, imaginación o el sentir.

ANALIZAR LAS CONSECUENCIAS. Vivimos una vida de decisiones, conscientes o no, las omisiones se consideran formas de decidir, cada decisión tomada o no, genera una consecuencia. Es necesario ver las consecuencias como el resultado de las acciones, las que salen como esperamos se definen como positivas y las que salen de manera contraria a lo que esperamos se definen como negativas. Alex Espada estaba hoy como al principio, después de varios intentos del espadero por habilitarla, no lo había logrado, hoy además teníamos claro que su guerrero no regresaría, regresar al campo de batalla así era improbable. Bajo este planteamiento es sano dejar en claro que consecuencias son solo consecuencias. Podemos aprender a ver el lado gris u oscuro de las cosas, o ver la oportunidad o lo lamentable de cada situación, eso representa una decisión.

Toda situación problemática o de crisis puede detonar un momento de decisión, Alex había decidido salir de su estado de tristeza cíclica, dar un paso hacia un lugar diferente, habilitarse. Alex construiría un espacio para probar su capacidad de reinserción, aprender, enfocarse en el nuevo destino que ya deseaba. La consecuencia tiene que ver con un resultado, la postura define si lo vivimos como algo desfavorable, que nos lastima, atenta, o como una oportunidad, un aprendizaje. Esta postura no cambia la consecuencia, pero sí nos pone en una forma diferente de verla. Alex Espada hoy tenía un fallo y no tenía guerrero, en este contexto podría pensar que su final en una bodega arrumbada era inminente, lo sencillo, él no quería ese final, estaba listo para empezar a luchar en esta batalla, en otros campos, con otros enemigos, quería estar lista, construyendo su destino.

PEDIR CONSEJO. Es necesario tener un punto de referencia externo, confiable, seguro, podría funcionar como el ancla en el suelo. Como lo es el faro para las embarcaciones en tiempos de tormenta. Cuando las cosas no salen como lo esperado de manera recurrente, podemos ver solo el entorno desfavorable, doloroso, que nos puede llevar a continuos estados de frustración, a polarizar un hecho vivido. Cuando esto parece un continuo, es tiempo de ver a través de otros ojos, de pedir apoyo, soporte con mi referencia que no está en medio de la posible tormenta, que no se encuentre como el problema. Carlos Daga había funcionado así en los tiempos difíciles, él hablaba continuamente con Alex Espada, si bien es cierto en ocasiones con poco resultado, en todo momento en la intención de que Alex estuviera bien. Alex escuchaba a Carlos y fue su punto de aliento.

Cuándo encontramos a la persona que nos detiene como ancla, dejamos en claro que ya estamos en tiempos de escuchar a alguien más que a nuestros pensamientos, esta asociación nos proporciona herramientas, directrices, comentarios desde una visión externa, además de consejos o estrategias. Al escuchar los consejos que pedimos, nos podemos encontrar con la forma distorsionada que hemos construido de las cosas o se puede presentar una clara ceguera de taller. Pedir un consejo en una etapa de tristeza o depresión representa un acto de humildad, y sobre todo una forma de manifestar confianza al otro, es una etapa de evolución ante la crisis, aquí podremos entender que los sentidos se saturan de lo mismo, apertura al actuar con nuevas formas para enfrentar las cosas que se presentan, es el momento de darse una oportunidad amplia, diferente.

ANALIZAR POSIBLES SOLUCIONES. Alex Espada había intentado muchas cosas para solucionar lo que él consideraba su problema, es claro que, por intentos, no ha parado, más en crisis, con ideas abotargadas y con pensamientos catastróficos, era ideas improbables. Es importante tener en cuenta que ante un problema existen formas de tomarlo, procesarlo y enfrentarlo. Cuando se nos presenta un problema y estamos inmersos en él, la mente se nubla, el manejo de la situación pude resultar torpe e ineficiente. Podemos vivir en el dolor, este dolor puede ser el punto centro de la situación, rebasando en problema, sufrir y hacer las cosas cada vez más graves, generar que nuestro pensamiento se sature, ciclemos la respuesta y el pensamiento y generemos más culpa que posibles soluciones, dejando la oportunidad como un espacio de nulidad.

Además, podremos enfrentar la frustración como un cotidiano y la sensación de vacío, angustia y culpa. En este punto, analizar las posibles soluciones requiere el acompañamiento, en el caso de Alex de Carlos Daga, pues en muchas ocasiones, la posible solución no representa en sí el problema, sino por el miedo al ejecutarlo, ya que existirá un pensamiento catastrófico dominante que incidirá en que no se genere el intento porque no pasará lo que se espera, inminentemente una predisposición. Romper esta piedra puede no ser sencillo, más es importante que se tenga claro que no es el acierto o el error lo que generará la mejora, analizar las posibles soluciones es una oportunidad de ver las formas para solucionar la situación, pero antes de dar un paso, es necesario el análisis, es el exceso de impulso o reacción sin plan lo que impide ver la mejora.

DEFINIR LA ESTRATEGIA DE ACCIÓN. En la construcción de pensamiento concreto, ya activados los puntos referidos y con un enfoque de aprendizaje y crecimiento, es el momento de tomar decisiones. Analizar el problema y definir las estrategias no hacen la acción, acelerar el proceso pude generar resultados conocidos, esta etapa en definitiva requiere de paciencia, tiempo y una revisión profunda. Los estoicos son entidades de acción, en ese sentido, la estrategia funciona como una guía de lo que haré, más no son acciones de impulso, las acciones requieren una idea, un pensamiento, una estrategia y tiempos de acción, por lo que «teoría sin acción es retórica»; pero acción sin reflexión, análisis y estrategia es simplemente impulso, es una reacción como tirarse al vacío sin conocer riesgo de la decisión tomada, eso puede repercutir en incrementar la crisis.

La estrategia representa la clara definición del "cómo" planteo la mejora del estado emocional de Alex Espada, que acciones se proponen y en cuantas etapas, tener claridad de ideas, da claridad de acciones, controlar el pensamiento mágico o las ideas no sustentadas es a través de analizar el cambio y definir claramente las estrategias que nos llevarán a un mejor destino. Los problemas son tan problema como los vivimos, los expresemos y hasta como seamos capaces de sufrirlo, es evidente que marca una diferencia substantiva cuando empezamos a verlo desde el pensamiento racional, la crisis se presenta como un hueco donde hundirme o como un trampolín para impulsarme. Al definir la estrategia de acción y presentarla por escrito, hace que las ideas perturbadoras cedan dando margen al pensamiento creativo y a la acción.

EJECUTAR ACCIONES CONCRETAS. Fomentar la inacción o el pensamiento sin acción estimula la incertidumbre, esto detona en pensamientos catastróficos. En bajo esa línea de ideas que Alex Espada debe generar la idea que aprendí de niño: —caminando y miando pa' no hacer charco—. Cuando nos toca enfrentar la vida y sus bemoles, darles solución requerirá de pensar en cómo solucionarlo y ejecutar pequeñas acciones que nos orienten hacia dónde queremos llegar, romper el gran proyecto en pequeñas metas, claras, consistentes, continuas. Evite el pensamiento mágico, la incertidumbre o la indefinición, en este punto es llevar la acción, pasar "del dicho al hecho", tener clara la idea de lo que nuestra acción puede generar, ubicar claramente lo que queremos y lo que lograremos, definir el margen de error y el espectro de acierto, seguir con lo planeado.

Es importante no, dar, por hecho, no esperar que la otra persona entienda o no confunda las ideas. Alinear ideas con pensamientos, y con lo que se expresa. Alex Espada había generado muchas ideas confusas, inconclusas, incompletas, esto le había generado acciones impulsivas y malos entendidos, errores en las reacciones. La continuidad de las acciones concretas exitosas es la gasolina para que el motor siga en movimiento, cuando no existe continuidad puede generar incertidumbre, indefinición de los estímulos y de sus respuestas, esto propicia mayor frustración y volvemos a pensar que el problema es enorme, difícil de resolver, lo cual no es del todo cierto. Los problemas que se presentan en nuestra mente, se presentan porque desarrollamos acciones concretas, aunque desordenadas, por lógicas fantasiosas y sin mucho sentido. Es tiempo de actuar.

ES UN PROCESO. Quizás no sea sencillo controlar a la mente a través del pensamiento, pero intentarlo de manera metódica tiene la posibilidad de dar mejores resultados. No es magia, ni tampoco sencillo, más con orden, método, disposición, paciencia y continuidad es posible. Todo en la vida es un proceso. En este punto y tenemos casi concluido un método para intervenir, además esto permite dejar de sufrir por pensamientos imaginarios. En un principio, el proyecto puede no tener relación o paralelismo con sus resultados, en un primer tiempo el acierto puede representar un reto, generar una estructura favorable requiere de algunos aciertos iniciales; consciente que es un proceso, pueden no darse los aciertos como se esperan, por lo que es importante tener en claro que como proceso el error es un componente, que puede presentarse dificultando los escenarios.

Que las cosas sucedan como esperamos o no, es parte de, no representa necesariamente que las cosas estén bien o mal, al menos no de manera inicial, Alex Espada y Carlos Daga deberán no perder el sentido de salir del lugar de crisis donde se encuentra Alex. Se requiere no generar falsas expectativas, no tener lógicas catastróficas que desembocan en pensamientos catastróficos. Es importante que la respuesta generada nos defina desde lo concreto, que nos oriente y permita la expresión clara de lo que queremos, de lo que decidimos, vinculando en todo momento el "qué" de las cosas, alineado al "cómo" lo expreso. Sistematizar un proceder requiere una serie de pasos, un esquema concreto, ordenado y guiado por la escucha que nos hagan mantener el equilibrio. Teniendo el modelo, es necesaria la práctica y la revisión permanente.

Como plantea Javier Rojas S. J. «Hay que tener en cuenta que los pensamientos siempre encuentran alguna base de realidad sobre la que edificar la *casa del terror,* tienen una pisca de *verdad;* pero todo lo demás es imaginación». ¿Cuánto de realidad hay en los pensamientos que me conflictúan de manera cotidiana? Es claro que las ideas no surgen de la nada, el origen de los pensamientos es la vivencia, más la forma como los hacemos crecer, dominarnos y quitarnos la tranquilidad. Sí, dependerá de cada persona en lo individual. Los pensamientos que terminan por quitarme la calma en ocasiones no dependen del problema en sí, sino más bien, la forma como defino lo que puede pasar, partiendo de pensamientos desfavorables, cosas que todavía no han ocurrido, pero que es ya campo de la imaginación y del pensamiento, su origen, lo que «podría pasar».

Cuando empezamos a salir de la condición de crisis, nuestro pensamiento se empieza a aclarar, es posible diferenciar entre pensamiento y realidad, entre imaginación y realidad, empiezan los esquemas de estabilidad, se deja de girar en torno a ellos y desactivas en tu interior la causa y por añadidura la crisis se diluye, dejando un estadio de tranquilidad. Los pensamientos son solo pensamientos y los sentimientos que en ocasiones los matizan son generados por ideas que surgen de tus propias ideas generadoras de miedo o lo que sin saberlo te atemoriza. Los pensamientos y sentimientos cohabitan en tu interior, dentro de ti lo que depende es su orientación, de su potencia y de la forma como invaden la continuidad. Se requiere dejar de darles entidad de realidad, dejar de darles poder a través de la atención.

> El único obstáculo de la vida
> es la espera del mañana
> y la pérdida del día de hoy.
>
> Séneca

CAPITULO V. 4. TRATA EL ÉXITO DE LA MISMA MANERA QUE EL FRACASO

Acéptalo sin arrogancia,
se deja ir con indiferencia.

Marco Aurelio

Vivimos entre creencias, ideas y creaciones; en estructuras predefinidas, con ideas e historias que nos han enseñado desde la primera infancia, en la familia, en el medio, en la sociedad, ejercicio que se refrenda en la práctica a lo largo de los años. La gran mayoría de esta información que aplicamos cotidianamente no cuenta con un sustento teórico, técnico, práctico y en ocasiones ni de sentido común, pero nadie se ha detenido a cuestionarlo, solo se repite una y otra vez. Normalizamos algunas cosas con la fuerza de la frecuencia o de la idea que con base en la incidencia determina solvencia. Construimos un mundo de contrastes, dicotómico, polarizado, sin medias tintas, o somos buenos, o somos malos; o avanzamos o retrocedemos, todo esto sin considerar que la luz, si bien es cierto que antagónica a la oscuridad, es matizada en un amanecer o atardecer.

No existe algo tan definitivo, ni tan determinante; cuando nos detenemos a observarlo podemos enfocar un sinnúmero de contrastes, más evidentemente se requiere la capacidad de observar estos contrastes. Alex Espada se encontraba lejos de ese equilibrio, la angustia por no lograr lo que esperaba en el tiempo que tenía él de referencia, le hacía complicar su pensamiento, su idea y referir recurrentemente la idea de que "las cosas no están bien, no he avanzado nada". Dejaba de percibir que había logrado avances con el orden, con las agendas y si bien es cierto no era totalmente lo que se esperaba, si había mejora. Más como la brecha que percibía entre el último momento de la batalla y su ahora era tan amplio, le generaba una incertidumbre que detonaba en ansiedad y angustia, sentimiento de minusvalía, culpa y una incapacidad evidente de ver los pequeños detalles.

En este momento, la saturación de los sentidos de Alex Espada le impedía notar los pequeños cambios, esto se deba por una "ceguera de taller". Alex pensaba verse de nuevo en el ideal de batalla, más hasta este momento, ni siquiera estaba como arma, como herramienta. El espadero tendría que invertir tiempo en su reparación, más en definitiva su actitud representaba un punto importante en el proceso de recuperación. En esta etapa, vivía un poco en contradicción con su pensamiento, tenía claro que el proceso de recuperación sería lento, más inconscientemente quería que todo pasara lo más rápido posible, ¡ya! Esto se presentaba como una paradoja de la que poco control y sentido tenía, esperaba tanto de la recuperación, que lo que pasaba no era suficiente y limitaba su percepción en un estado de frustración, de miedo que detonaba insatisfacción a lo que ocurría.

Alex Espada se levantaba todos los días en la idea que las cosas estarían mejor, más al encontrar la brecha de lo que esperaba a lo que evaluaba tan dispar, rompía su interés y se dejaba aplastar por sus ideas dominantes —no sirvo para nada—, —soy un trozo de metal con empuñadura—, todo esto acompañado vestido de una sensación de fracaso. En esa estructura era difícil retomar el camino, más era realmente lo que se necesitaba, sobreponerse al pensamiento de descalificación, a la idea que las cosas estaban mal, al no permanecer en la lógica de que era un proceso y que, al final, al resistir las cosas pasarían. Al pensarlo era claro, más al ejecutarlo, los pensamientos generaban dominancia a la derrota, a la pérdida, a la tristeza, como si no hubiera la posibilidad de que las cosas estuvieran mejor, como detonadas a todo aquello que no funciona, que no está bien, que limita la oportunidad de cambio.

Así, referimos a éxito o fracaso, como dos puntos polaridades equidistantes, como la determinante de un apagador de luz convencional, o prende o apaga, sin tomar en cuenta que las cosas que suceden en la vida, no pertenecen a un mundo o a otro. Es importante entender y dejar en claro que bueno y malo no son otra cosa más que la consecuencia de las cosas y situaciones que se presentan en la vida, no son entidades absolutas, son más bien formas como aprendimos a evaluar aquello que nos pasa en la vida; como idea, se refiere a los que tienen un acumulado de logros como éxito, contra quien acumula resultados diferentes a lo que se espera como fracaso, en lo general es claro, más en la vivencia, en la práctica, tiene más relación con, cómo percibo y defino las cosas, así como mi forma de reaccionar ante ellas.

Desde pequeños nos llevan desde la dualidad a elegir, ¿eres bueno o malo?, tengo claro que en muchos casos, desde la indefinición o desde la generalidad del adulto esto se vuelve complicado de llevar a la práctica, ya que como elemento absoluto, ni tan bueno el que gana, ni tan malo el que pierde; ni tan inteligente el que saca notas de 10, ni menos inteligente el que tiene 8 o 9 de calificación, puede no estar evaluando el punto de desarrollo de la persona, más por eso definir su inteligencia, además de improbable, en los tiempos actuales sonaría hasta irreal. Nos enseñan a ganar, todo y por todo, esto como señal del éxito; nos llevan a estar alejados de los errores, de las cosas que no funcionan, de todo eso que definimos como fracaso, sin darnos cuenta de que nada es absoluto, lo que definimos como éxito y fracaso es parte de la vivencia, del desarrollo de la experiencia.

En la vivencia, así como en la construcción de experiencia, «solo podrás identificar tus éxitos en función de reconocer tus fracasos», así, cada fracaso es una oportunidad que nos enseña lo que necesitamos aprender, bajo este planteamiento, ambas figuras (éxito y fracaso) coexisten, interactúan. Es importante retomar el pensamiento estoico, este «nos incita a ver los errores no como derrotas sino como desafíos, situaciones que requieren una resolución fuerte para superarlas y aprender de ellas». El reto es la resistencia, la constancia, mantenerse en el intento, aquellos que persisten a pesar de los errores y fracasos, son los que manifiestan una resiliencia estoica. Cuida la capacidad de percibirse, abierta, clara, sanamente, sin menos preciar los avances, entender que hasta un coche Fórmula 1, requiere de tiempo para lograr su máximo potencial y desarrollo.

Los estoicos rechazan las reacciones impulsivas en la vida y la falta de reflexión, aunque sea rápida o no muy profunda, es requerida cuando nos enfrentamos a variables en la vida, la ausencia de revisión, estructura y pensamiento crítico impide saber la auténtica realidad en la que se vive. Este punto lo considero relevante, pues al ganar, no tenemos tiempo suficiente para analizar las variables a mejorar, quedando a merced del exceso de confianza o la soberbia. Por otro lado, cuando caemos o nos rompemos, el riesgo radica en que tenemos tanto tiempo para revisar lo que pasó, que perdemos la capacidad de ver el error como error y entre pensamientos lo hacemos una tragedia, una posición que resulta de la respuesta inexacta, imprecisa y cuando los sentidos están desorientados, imperfecta, utópica.

El estoicismo hace hincapié en la virtud personal y la integridad como medios para alcanzar el bien supremo. Esto implica promover la excelencia en todo lo que haces, el éxito estoico de trata de «un espacio de serenidad mental que permite que las emociones que podrían impactarme desfavorablemente dominen y para que de esa forma sea más fácil actuar con virtud». Para los estoicos es la excelencia, la estructura de éxito, se convierte en «una búsqueda constante para tratar de ser mejor; mejor persona, mejor profesional. El mundo estoico nos lleva por el mundo maximizando nuestras capacidades», es entonces protocolo de éxito estoico, resume la idea de «decide lo que quieres hacer y haz lo que tienes que hacer», evitar el impulso reactivo, irracional, basado en las pasiones, la soberbia o la ceguera de la ira, el éxito está en encontrar y promover las 4 virtudes, la sabiduría, el coraje, la justicia y la templanza.

Alex Espada estaba en un momento crucial de su proceso de rehabilitación, había calificado los últimos acontecimientos como un fracaso en su existencia, alimentaba con esto su incertidumbre y los pensamientos catastróficos que se presentaban de forma recurrente. Poco a poco empezó a perder confianza y a cometer, errores frecuentes, lo que le llevó a experimentar miedo, preocupación, angustia, desencadenando esto en depresión. Salir del lugar donde se encontraba tirada, física y emocionalmente, era el primer paso, salir del fondo del taller, que se convertía en el tiempo en su sepulcro emocional. Era imprescindible moverse, convertirse en acción, la acción como medios para romper la inacción, inhibir los pensamientos dominantes. Demasiado tiempo para descansar genera letargo e inmovilidad, demasiado tiempo para pensar desencadena en ideas destructivas recurrentes.

    Era necesario posesionarse en un lugar diferente, había que cerrar la herida planteada de manera errónea y desde el prejuicio, sucia. Alex era un juez implacable desde su pensamiento, sintió que su gladiador le había abandonado a su suerte, culpándolo de la decepción generada en él y de ese momento de fracaso edificado. Dejaba de lado la lógica de que necesitaba una reparación, pues el daño no era menor y que el dejarlo en la armería era una señal de amor profundo, dejar a su extensión en manos de un experto para ser reparada, el no permitir un daño más profundo que desencadenara en una ruptura irreparable. Más esa idea era difícil de traducir por Alex, quien abrazaba con fuerza el fracaso, dejando el éxito en un espacio inalcanzable. Los avances logrados no eran suficientes, no lograba estar como previo a la última batalla, no estaba así y el camino aún sería largo.

    Su idea en la confusión de sensaciones, pensamientos, emociones, sentimientos y el dolor no era certera, su gladiador no la abandonó con el espadero, lo que el gladiador hizo fue un acto de amor, de respeto. Ahora podía verlo un poco mejor, esta nueva forma de ver lo mismo le hacía eco, Alex lo hubiera hecho si el caso se hubiera presentado. Esto había roto, además de su hoja de filo, sus conceptos de ser indestructible, Alex Espada se sabía vulnerable y era el tiempo de aprender a tomar de la misma manera los llamados éxitos, como los fracasos, todo esto en el entendido que uno es consecuencia del otro. Que existen como medios, que son una valiosa oportunidad para construirse en vida, para orientar el cambio o para establecer las pautas ante las nuevas oportunidades y decisiones a tomar en la vida, que todos los días se llega a un nuevo destino al andar por el camino.

Ante esta nueva idea, el gladiador no había dejado a su espada medieval a su suerte. Ese postulado era falso, y seguramente no fue lo que quería hacer. Más tras verle vulnerable, tenía claro que era lo que tenía que hacer para no generar riesgo. La espada es su extensión, que complementa la fuerza, agilidad y destreza del guerrero. La despedida para el guerrero había generado dolor, pero sabía que en breve volverían a estar juntos para más batallas. Tenía claro que su espada necesitaba una reparación de fondo. Para el gladiador dejar su espada era tanto como desnudarse en la batalla, pero Alex no había reflexionado en eso, su enojo le hacía verse a sí misma y sentirse dueña del dolor, en sus noches de insomnio sintió odio y como señal de molestia pensó: —ojalá se muera en la próxima batalla—, esto le generaba culpa cuando pensaba que el guerrero estaba muerto.

Era más claro para Alex Espada y su molestia, había deseado la muerte de su guerrero. Su ira lo cegó a la partida del ejército a la siguiente batalla, ahí fue el momento donde, desde su perspectiva, había sido abandonada a su suerte. Tenía la idea de que su guerrero regresaría y había perdido tiempo valioso haciendo berrinches, en culpas de lo que pasaba a todo el que le rodeaba. Esa fue la idea que detonó su aislamiento, del no querer avanzar. Ahora podía verlo como un resistirse a quedar bien cuando el herrero había trabajado con sabiduría, respeto y delicadeza en su reparación, pero se reconocía un elemento soberbio, que se resistía, distante, enojado, no dando pie a que las cosas mejoraran, a que la reparación se presentara como medio, no estaba lista para dejarse reparar. En el regreso del ejército de la batalla, se disparó un espacio de ansiedad en la lógica que había una oportunidad de regresar a las batallas.

Al enfrentarse a la noticia que su guerrero ya no regresó después de la última batalla, Alex Espada se abatió grandemente, si ya se encontraba en una espiral de tristeza, preocupación, miedo, angustia, ansiedad, insomnio y pensamientos catastróficos, a esto se unió un sentimiento de culpa, una percepción de haber sido desleal, de haber deseado la muerte. Una tristeza profunda invadió su ser; , inminentemente, ya era un espacio de depresión severa el que se presentaba. En su nueva forma de percibir las cosas, el guerrero había sido fiel a su ideal; con Alex, no hizo lo que quería hacer, hizo lo que tenía que hacer. Entonces Alex Espada volvió a vivir la despedida del taller, ahora como duelo, un reconocimiento al elevarla y dar la última estocada en la nada, en la esperanza de que volverían a estar juntos. El tiempo había presentado una forma distinta de ver lo mismo, desde otra arista.

Para levantarse del suelo, es necesario caer, saberse caído, bajo este punto de vista, toda aquella acción en la intención de levantarse era eso, un intento, más en este momento de inestabilidad es necesario no etiquetar los intentos, ni éxitos, ni fracasos, solo intentos, romper con esto un paradigma. Alex Espada era poderoso, exigente, era rudo con los demás, pero más que con nadie, era implacable consigo mismo, su juez interno era castrante, ideático, perfeccionista, para él nada era suficiente y en todo momento desde su idea había alguien mejor, era incapaz de ver sus aciertos, su fortaleza, sus ventajas, lo que lo hacía limitado al evaluarse. Ahora Alex Espada tenía que reconocer que los intentos eran solo eso. Si quería levantarse realmente, los intentos deberían ser claros e intensos, poniendo lo mejor de sí en cada uno, concentrándose en cada momento, en cada intento, en cada logro.

Cada intento era una oportunidad de hacer las cosas, de salir de la oscuridad, de interactuar, de generar la diferencia con el estado apático construido. Cada intento no es determinante, no generaba éxito o fracaso, es importante que Alex Espada, aligere el pensamiento, observe más el todo, aprenda a valorar en un espectro más amplio, cerrar la brecha, que tenga en claro: que la acción es una oportunidad por salir de su estado depresivo, es necesario moverse físico y emocionalmente, por lo que hay que apostar a las celebraciones mesuradas y las evaluaciones orientarse al aprendizaje. En este punto, los logros no son éxito, y el que las cosas no salgan como se esperan no representa un fracaso; en todo actuar buscaremos sentirnos mejor y esa es la apuesta. Deberá cuidar el evitar, maximizar lo que no sale como se espera, ni minimizar lo que sale tal cual se esperó.

Antes que reinicie la BATALLA,
La historia de una profunda lucha de reconstrucción interior

Considero que somos entidades inconformes, insatisfechas por naturaleza; cualquier análisis que pueda hacerse sobre cómo van nuestras cosas, genera inevitables posturas de una expectativa de mejora. Es claro que, muchos proyectos no llegan a los resultados que esperamos por diversas variables. En ocasiones la insistencia en su realización no ha sido suficiente, hemos claudicado y esto deja limitado el resultado. El éxito y el fracaso no son más que expresiones, la conclusión de los intentos, y, al final, una definición tan relativa de las cosas. Llegar al éxito implica pasar por situaciones nuevas, diferentes, aprender y ser constante, por otro lado, el fracaso enseña lo que el éxito oculta: a mis ojos, son complementarios y el uno coexiste en el otro, sin definirlos como lo bueno o lo malo, es una valiosa oportunidad para aprender, pero es necesario estar ávido y definirte como un aprendiz para que pase.

CAPITULO V. 5. SOLO HACER UNA COSA A LA VEZ

El bienestar se alcanza poco a poco y,
sin embargo, nos poca cosa en sí mismo.

Zenón

Los momentos de descanso en ocasiones se prolongaban ante el insomnio, si bien es cierto que Alex Espada había logrado mejoras, en ocasiones eran poco valoradas por él mismo, por lo que ni bueno ni malo, solo que no tener la capacidad de darse cuenta podría ser una variable que se presentaba en contra. En este punto es importante tener en claro que: —lo que es bueno para uno, puede no serlo para otros—, por lo que, lo que funciona para una persona, puede no funcionar para otra, o aplicarse como una generalidad expresada como: —todos podemos salir de un estado depresivo de una manera u otra—. Es necesario ser respetuosos del proceso individual, el manejo específico y si bien es cierto que podemos tomar referencias generales como los patrones de conducta, esto en ningún momento y bajo ninguna circunstancia deberá ser presentado como una regla, dogma o ley.

No era una cuestión simple de aplicar, ya que la necesidad de estar mejor puede presentarse como una paradoja. Por un lado, es el referente de un ideal utópico en tiempos de depresión, también es el generador intensivo de ansiedad. Tener como referencia como se sentía la última vez que se estuvo en plenitud, genera de manera natural una brecha que en la práctica detona en miedo y frustración continua. Ahora es necesario que Alex Espada tenga claro que su actividad y objetivo tienen que cambiar, antes que nada, cambiar el ritmo, el reto no es llegar rápido o primero. El destino no es ya dominar en una batalla o ser la extensión letal de su guerrero en la estocada final. El trabajo es más complejo, el ritmo es ir despacio, paso a paso, de origen no son las mismas batallas en las cuales combatir, más el enemigo es más despiadado y cruel, por lo que hay que ser cautelosos y tener clara la nueva dirección, ahora a donde tienes que llegar es a ti mismo.

En este punto de la crisis, el primer reto que encontrará Alex Espada es, como lo enuncia la canción del rey, del cantautor mexicano José Alfredo Jiménez: —también me dijo un arriero, que no hay que llegar primero, pero hay que saber llegar—. Es importante dejar en claro que todo lo bueno lleva su tiempo, nada es un acto mágico, por lo que uno de los grandes logros es no desesperar, tener la capacidad de entender y vivir el proceso. Tener la paciencia se vuelve compañera, en los tiempos difíciles como en los favorables, mantener la calma y por sobre todas las cosas, no te rindas. En la práctica, este punto solo se vuelve una de las batallas complejas de librar, hay que mantener quieto al juez interno, al evaluador, a aquellos ruidos que se desencadenan y se expresan a través de mi pensamiento, por eso es importante hacer el ejercicio como en el principio, solo se trata de dar un paso a la vez.

En un mundo que exige velocidad en el pensamiento, acciones, resultados, orientado a lo que se espera de ti, ante la propia expectativa de indestructible y una realidad antagónica a la creencia, Alex Espada se enfrentaba al nuevo reto: solo hacer una cosa a la vez, como el aprendiz, como si nunca lo hubiera hecho, generando el aprendizaje en la vivencia. Un punto complicado, pues seguramente el camino se ha recorrido muchísimas veces, con diferentes resultados, en inenarrables épicos combates. Sin batallas físicas, sin guerrero, ante la necesidad de ser habilitada, con ideas dominantes que llevan más al error que al acierto, al desánimo que a la esperanza, ante el reto de mantener la calma, con paciencia, ante el reto de empezar como en un principio, como el primer día que la forja y los golpes generaron su perfección inicial. Había que estar listos, provocar que las cosas sucedan, de adentro hacia afuera.

Fue muy difícil generar continuidad, ir un poco más allá del impulso, del deseo, de las ganas, era inminente lo que se buscaba como resultado, más contrario que al principio, el pensamiento se orientaba a buscar quién y quienes le habían llevado al lugar donde se encontraba, generando culpa, estableciéndose como la víctima, con poca responsabilidad. La nueva postura presentaba un Alex Espada edificando, haciéndose responsable de la forma como tradujo los estímulos de la vida, como cómplice de las variables, como responsable de la actitud tomada y la resistencia al trabajo serio, dedicado y profesional del espadero. Un poco parte de la consecuencia de lo que hasta ese momento había sucedido, tenía que llegar al origen, a la entraña y desde ahí emerger, era necesario apropiarse de sus miedos, de su dolor, de sus culpas y de sus frustraciones y construir oportunidades para sí y su entorno.

Sería necesario aprender del dolor, de la frustración, entender la naturaleza de la construcción de brechas y revisar sus heridas, en este caso, no aquellas generadas en el metal, sino aquellas propias de su pensamiento recurrente, de —no soy suficiente—, —no soy lo que se espera de mí—, —me abandonó mi gladiador—, —soy un pedazo de metal con empuñadura que no sirve para nada—. La batalla no define a la espada medieval, es su estar lista para la batalla la que le da sentido y si bien es cierto, en este momento no tiene un guerrero con la fuerza, capacidad y versatilidad para utilizarla como su extensión, a partir de ese momento, honraría su propia historia con una vida en plenitud. Alex Espada se enfrentaba ya en ese momento a una congestión de ideas, de pensamientos, le parecía complicado en la historia, el no culpar, será porque aprendió en esa estructura de pensamiento y generar pensamiento de cambio, no es sencillo.

Hacer una cosa a la vez es un acto necesario en esta etapa del proceso de habilitación, es un poco regular al cerebro y al pensamiento, —Pero puedo con más, no me limites—. Alex Espada está en un momento de volver a empezar, regresar a la batalla de la vida cotidiana, en este punto, aprender requiere "tomar las cosas con calma" y no enviciarse con la idea de lo que —antes yo hacía múltiples actividades al mismo tiempo, sin contrariarme—, será en este punto indispensable tomar en cuenta la temporalidad —si, seguro, eso fue antes—. El reincorporarnos a la acción no es tarea simple, por lo que uno de los grandes retos está en la constancia, en no desistir, aprender a resistir. El pensamiento en este punto vivirá en una dualidad, una parte de nosotros que quiere salir adelante y que desea mejorar, y otra que ve las cosas como un buen intento, en el que ve el error y el fracaso como la puerta de salida.

En este punto la angustia puede presentarse como un detonante adverso, el potenciar el miedo a fallar, a no ser lo suficiente, es un factor que seguramente se va a manifestar, la incertidumbre genera ansiedad y el no presentar un claro control de nada hace al todo incierto. El reto para estas alturas, es dejar de controlar, con control o sin control no hay más que de dos sopas: 1) se retoma la confianza y se da inicio a un renacer, o 2) se es presa de una espiral de deterioro que impacta en la percepción, la atención, la disposición y sobre todo, mantiene disparada una alerta innecesaria que puede detonar en conflicto, en crisis. Es un momento en el que se requiere calma, templanza, paciencia, evitar reaccionar, al final el impulso solo te llevará a decisiones atropelladas. Es claro que Alex Espada está en el momento álgido de la transición, el miedo al error está potenciada y la necesidad de salir es cada vez más agudo, notorio.

Es aquí donde el pensamiento mágico hace más estragos, primero presentando estructuras de salida que emergen de la fantasía, planteando un optimismo inverosímil, o pensando en el tiempo como la entidad que solucionará todos los problemas. Hacer una cosa a la vez, representa un reto, un grande reto, máxime cuando se ha vivido en la multitarea o se sabe lo que significa. Es necesario que con la misma disciplina y respeto que se toma una acción o una decisión se tome el reto de hacer una por una de las cosas, en este momento abarcar de más puede representar un riesgo, más allá del resultado, por lo que, en ese sentido, más vale paso que dure y no trote que canse. Alex Espada estaba consciente de esto desde la razón, más el impulso propio de su naturaleza le hacía en ocasiones presionarse de más, innecesariamente, pero tan real que dolía.

El gran ejercicio para Alex Espada se presentaba al momento de empezar el día, en las primeras semanas, la angustia lo hacía levantarse antes de tiempo, hasta con márgenes de 3 horas sin poder conciliar bien el sueño posteriormente y de ahí, despertar en ciclos cortos de media hora y reaccionar a las 07:00 am que era la hora pactada para iniciar sus actividades, era desgastante en un principio hasta descansar, eso fue mejorando al paso del tiempo. El segundo punto clave, el aseo personal, era uno de los ejes de habilitación y al regreso dejar acomodado su espacio físico dentro del taller. Esto parecía un acto simple, un quehacer matutino que podría hasta parecer rutinario, pero que en el momento era complejo de cumplir o completar, esas actividades tenían un tiempo para ser generadas, por lo que en un principio, la falta de orden generaba confusión y ansiedad por fallar.

Hubo momentos que Alex Espada salió de su espacio a hacer otras actividades, la que fuera, y en esos espacios le invadió la angustia, en un momento experimentó un ataque de pánico, situación que acompañó Carlos Daga, quien tenía claro que el primer paso era una por una, en orden. De muy poco sirve adelantarse en las etapas, hacerlo o pensarlo, detonará angustia y la posibilidad del error será más amplia, generar brechas entre lo que creemos y lo que hacemos, detona incertidumbre y está con un pensamiento ágil, dominante y catastrófico basados en la idea de que "yo ya hacía varias cosas más", "antes yo hacía, podía o equivalente" puede detonar en caos, manifestada como: tristeza, melancolía o frustración, misma que al repetirse en ciclos continuos nos presenta estados depresivos. De que sirve el control, si el exceso me puede llevar a perder la tranquilidad, la paz.

Se requiere ser conscientes que son tiempos de retomar la vida, de ser el aprendiz, desde cero, en un volver a empezar, diferente, complejo, donde el principal enemigo puede ser mi pensamiento, mis ideas, esas creencias que se han arraigado en el tiempo. Por eso es necesario que Alex revise la forma como construía su pensamiento, como sus ideas invaden su razón, el manejo de sus denominados triunfos y fracasos, y su impacto en la cotidianidad, en la forma como percibe su vida, como define al mundo. Alex creó un estereotipo, en él aparentaba ser fuerte, determinante, firme, de decisiones, y fue ante el hecho de tener un fallo en su hoja de metal, lo que lo detona en una polaridad de fragilidad, vulnerabilidad y sentirse inservible. Cómo el mismo lo expresaba, una hoja de metal rota con empuñadura, una imagen que reflejaba un momento en su vida, más distan de lo que él era.

No es tan fuerte el que se presenta como fuerte, en el momento actual, esa edificación había caído, por lo que era tiempo de la reconstrucción, dentro de ella, el primer ejercicio a consumar tiene relación con hacer tareas específicas, una por una, así quienes prefieren concentrarse en hacer una sola cosa a la vez en lugar de abusar de la multitarea, tienen un mejor rendimiento y, son mejores ante la posibilidad de enfocarse en el nuevo objetivo más rápidamente. En una etapa de inicio, este punto es complicado y es importante tener método, tener la capacidad de poner atención a un solo punto, representa un encuentro con la necesidad de salir desde la acción, confrontando el pensamiento de "no quiero fallar" o el de "mejor no", que pueden presentarse como limitantes ante la tarea, equivocarse es opción, fallar es opción, más desde esta consigna no son fracasos, representan oportunidades de mejora.

Alex Espada, en esta experiencia de habilitación, pudo entender cómo las personas altamente productivas para obtener los mejores resultados se concentran en una cosa a la vez. Para que algo quede bien hay que dedicarle atención, tiempo, espacio, cuidar de que no se quede en una de las tantas microtareas diarias en las que avanzamos demasiado lento por no invertir suficiente en ellas. Hoy tenía más claro desde la vivencia, que las cosas tenían otro sentido, otra forma, diferente a la que se ve en la velocidad de la cotidianidad, hoy el miedo cambiaba de sentido, la reflexión hacía pensar que —tanto tiempo de hacer las cosas de manera diferente, como si fuera la única forma de hacerlo, mentalizarlo como un dogma, sin opción a corrección o mejora y hoy en un reiniciar, en la habilitación de vida, darme cuenta qué puede hacerse de mejor forma—, quizás tenía que pasar así para ser consciente.

Antes que reinicie la BATALLA,
La historia de una profunda lucha de reconstrucción interior

Si bien es cierto, la situación de Alex Espada era mejor, no dejaba de tener bajones, espacios donde la tristeza le invadía, pensamientos catastróficos llegaban a su mente, eran gradualmente menos, si algo tenía claro era que, regresar al camino no favorable era en ese punto, más sencillo que salir adelante, por lo que era importante no desistir, resistir. Ahora tenía como referente, que es muy común creer que, porque somos capaces de hacer muchas cosas a la vez, las estamos haciendo bien todas. La expresión popular ya lo pone en duda: "el que mucho abarca poco aprieta", quizás la diferencia entre lo primero y lo segundo, es abismal. Los humanos no somos buenos en el multitasking, , la ciencia ya demuestra que los estados de angustia se elevan, el miedo se potencia y la angustia es un detonante, el miedo a fallar es un constante en el pensamiento de esas personas.

Para los estoicos, Séneca tenía un gran amigo llamado Lucilio. Se tiene referencia de un sinnúmero de cartas enviadas. No sabemos mucho sobre Lucilio, solo que era de Pompeya, era un caballero romano, que era el procurador imperial en Sicilia y luego su gobernador, poseía una villa de campo en Árdea, en posesiones y logros, parecía un hombre completo, modelo, como ejemplo. Sin embargo, a pesar de todo su aparente éxito, tenemos la sensación de que luchó con muchas de las cosas con las que todos luchamos aún en la actualidad: ansiedad, distracción, miedo, tentación y autodisciplina. Al parecer, a pesar de los tiempos, las necesidades son similares, desde Lucilio, el propio Alex Espada y hasta cualquier chico que vive una cotidianidad humana.

Entonces es bueno que tuviera un amigo como Séneca, alguien que se preocupaba por él, le decía la verdad y le daba consejos. Uno de los mejores consejos de Séneca fue bastante simple. "Cada día", le dijo a Lucilius, debes "adquirir algo que te fortalezca contra la pobreza, contra la muerte y también contra otras desgracias". Una ganancia por día. Eso es todo. Esta es la forma de frenar nuestras tendencias de evasión o de retroceso: recordar que el esfuerzo en incremento, constante, persistente, continuó es el camino hacia la mejora, hacia la superación, el logro requiere de paciencia, atención, interés y generar las acciones con la capacidad de aprender a construir pequeñas cosas, día tras día. ¿Cuál es el paso más pequeño que dar para salir de mi estado depresivo? No lo pienses más, ¡es necesario completar ese paso!

CAPITULO V. 6. TOMAR DECISIONES

El verdadero control sobre ti mismo comienza
cuando puedes controlar tus pensamientos..

Séneca

El calor abrasador del taller saturaba el aire, un eco constante con el chasqueo de metales y el golpeteo rítmico del martillo contra la hoja que moldeaba. El artesano había empezado su día desde temprano, y era tal su concentración, que pasaba horas y horas en la tarea. Para Alex Espada, cada uno de esos sonidos era un recordatorio de lo que alguna vez había sido un espacio tortuoso: pues después de ser un arma gloriosa, compañera de un guerrero valiente que enfrentó incontables batallas, al golpe fuerte en su hoja de metal, había quedado frágil, sensible, en fallo. Pero ahora, Alex estaba rota en su interior, su hoja estaba afilada, su posición erguida, pero no estaba lista para la siguiente historia, era solo una sombra de su antigua grandeza.

Su hoja había fallado en un momento crucial, el choque de metales había dejado condiciones desfavorables a Alex, y después de llegar con el artesano, no había podido ser reparada rápidamente, y hoy, uno de sus pensamientos recurrentes era que su guerrero había muerto en una batalla donde no pudo acompañarlo, él llevó una espada nueva, imponente, pero con poca experiencia, eso dolía en lo más profundo de su esencia, era un lastre que no le permitía avanzar, se sentía responsable de haber dejado en soledad a su guerrero, ella tuvo que ver en su muerte, era su pensamiento. Esa pérdida le había hundido en un abismo que parecía no tener fondo. Una espiral sin fin de la cual intentaba salir todos los días, más todos los días encontraba una nueva razón para retroceder.

Las noches eran interminables, invadidas por pensamientos oscuros que pesaban tanto como el acero que alguna vez había blandido con orgullo. Cada golpe en el taller era un recordatorio de lo que ya no era. La depresión lo devoraba lentamente, un enemigo silencioso y persistente que no podía enfrentarse con filo ni fuerza bruta. "¿Qué sentido tiene seguir aquí?", pensaba Alex. Pero aun en esos momentos más oscuros, una chispa permanecía encendida. Era tenue, frágil, pero suficiente para mantenerlo en pie.

Carlos Daga, lo observaba desde su lugar en la forja. Era un metal curtido por los años y las experiencias, un filósofo en su propio derecho, aunque su sabiduría se expresara más en acciones que en palabras. Una tarde, mientras afilaba una hoja recién forjada, Carlos se acercó a Alex y le habló con voz tranquila, casi un susurro que se mezclaba con el sonido del fuego. —Alex, las decisiones son lo que nos define. No somos nuestras fallas ni nuestras victorias; somos las elecciones que hacemos con lo que tenemos delante. Se hizo un silencio incómodo, Carlos tenía toda la razón, cosa que no estaba en discusión, pero Alex se encontraba entre su lógica, sus ideas y la realidad, sin encontrar consuelo, remanso, ni paz.

Alex no respondió, pero esas palabras se quedaron grabadas. Las decisiones son lo que nos define. Era una frase poderosa, una que resonaba con una verdad innegable. Pero, ¿cómo decidir cuando el miedo a fallar lo paralizaba? ¿Cómo actuar cuando cada paso parecía conducir a un abismo más profundo? Carlos, como si leyera sus pensamientos, añadió: —No decidir también es una decisión, Alex. Y la peor que puedes tomar. Es elegir la inacción, el estancamiento. Es renunciar a la vida misma. El reto es la elección, ya que, en muchas situaciones y posiciones, somos el resultado de lo que pasa. La invitación estaba clara, era necesario hacerse responsable de sus acciones y omisiones.

Las palabras generadas por Carlos Daga evocaron las enseñanzas de Marco Aurelio, Séneca y Epicteto, filósofos estoicos cuyos pensamientos Carlos a menudo compartía con sus aprendices. "No son los hechos en sí los que nos perturban, sino los juicios que hacemos sobre ellos", decía Epicteto. Alex empezó a reflexionar sobre esta idea. Su depresión, sus sentimientos de inutilidad, incluso el pensamiento del suicidio, no eran causados únicamente por la muerte de su guerrero o su fallo como espada. Eran el resultado de cómo interpretaba esos hechos, de las historias que su mente creaba alrededor de ellos. El retraso de reparación, la pérdida, el duelo, todo en conjunto, generaban un caldo de cultivo emocional que limitaba sus pensamientos y, por ende, su actuar.

En ese momento, Alex comprendió que el primer paso para salir de su oscuridad era cuestionar esas historias que había construido y que recurrentemente repetía en su pensamiento. ¿Y si su fallo no era una condena, sino una oportunidad? ¿Y si su vida no había perdido sentido, sino que estaba esperando ser redefinida? La filosofía estoica ofrecía una guía práctica para enfrentar esos miedos. Defina sus miedos y deja de resistirte a ellos, recordaba Alex de una de las enseñanzas de Séneca. En lugar de huir de ellos, debía enfrentarlos directamente, desmenuzarlos, comprenderlos, asociarlos. Romper con lo preestablecido, enfrentar el miedo no es descalificarlo, sacarlo de la vida. El miedo es un medio que nos actualiza, nos da contexto y en muchas ocasiones nos pone en estadios de alerta para evitar que situaciones críticas nos avasallen.

Alex comenzó a escribir sus miedos, reconociéndolos. Como había aprendido en las largas conversaciones con Carlos, entendía el más poderoso de sus miedos: miedo a no ser útil nunca más, miedo a no ser lo que se espera o miedo a no ser suficiente. Miedo a decepcionar a quienes lo rodean. Miedo a enfrentarse a nuevas batallas y fallar de nuevo. Al verlos plasmados en el papel, esos temores que antes parecían inmensos comenzaron a tomar una forma más manejable. De origen, el miedo al escribirlos eran grandes monstruos que invadían su pensamiento, en el tiempo, empezaban a presentarse menores, grandes y menos imponentes y menos dañinos. Alex aprendió, que de esos problemas que eran su necesidad, muchos representaban de origen su pensamiento catastrófico, más que una realidad tangible.

Alex empezó a desafiarlos uno por uno, preguntándose: ¿Qué puedo hacer para prevenir esto? ¿Qué puedo hacer para superarlo si ocurre? Como Carlos había explicado una vez, también tenía algo que decir sobre esto. El miedo es una respuesta natural, programada en el cerebro, para protegernos del peligro. Sin embargo, el cerebro no siempre distingue entre un peligro real y uno imaginario. Para Alex, el miedo a fallar era un obstáculo tan real como cualquier enemigo en el campo de batalla. Pero también comprendió que el miedo podía ser domado, reentrenado. En lugar de reconocerlo como un reto a vencer, o una posibilidad, era parte de su estructura de pensamiento, sin que necesariamente reflejara una posibilidad.

Cada vez que enfrentaba una pequeña decisión —por insignificante que pareciera—, Alex preparaba a su cerebro para responder de manera diferente a la esperada o a la habitual. Decidir qué hoja afilar primero, qué parte del taller limpiar, incluso si saludar o no a Claudia Escudo al entrar en el taller, se convirtieron en ejercicios de reconstrucción, tomar decisiones y hacerse responsable de cada una de ellas. Poco a poco, esas pequeñas decisiones fueron acumulando confianza, como gotas llenando un vaso, gotita a gotita. Cada decisión era pensada con opciones, todo momento se convertía en una posibilidad a ser atendida y entendida, por lo que las respuestas eran una acción de aprendizaje y mejora.

La recuperación no es un camino recto, por lo que en ese sentido Alex instrumentó su protocolo. Sería menos duro, con sus fragilidades, con sus miedos y hasta con sus recaídas. Tendría un catálogo más amplio de respuestas, de opciones, de medios. Aprendería en el camino en que una posibilidad abre posibilidades. Había días en los que Alex Espada sentía que avanzaba, y otros en los que parecía retroceder. Pero Carlos Daga le confirmaba que la resiliencia no se trata de no caer, sino de levantarse cada vez que lo haces. Las caídas, que entonces eran un componente del proceso, inevitablemente se presentarían. Más la forma de verlas, entenderlas, vivirlas y responder, era ya un acto responsable para Alex.

Y fue cuando Alex decidió levantarse. Tomar decisiones, incluso cuando estas eran difíciles, era su manera de afirmarse, de decirle al mundo. "Todavía estoy aquí." "Quiero estar aquí." Comenzó a aceptar su vulnerabilidad con fuerza, con entereza. La filosofía estoica no predica la invulnerabilidad, sino la aceptación de la fragilidad humana. "La vida es finita, y eso es lo que la hace preciosa," "yo soy finito y eso es lo que me hace vulnerable," le decía Carlos Daga. Al aceptar su fragilidad, Alex descubrió una fortaleza interna que nunca había imaginado. Finalmente, se sentía tranquilo aún en la tempestad, era un mejor momento para ver los conflictos y las crisis que pudieran presentarse.

Una noche, mientras observaba las estrellas desde el umbral del taller, Alex tomó una decisión crucial. Decidió que ya no sería definido por su pasado, por su fallo en la hoja en batalla, por la muerte de su guerrero, por el tiempo que tardó en reparar su metal, por haber entrado en una enorme y profunda tristeza. En lugar de eso, sería definido por las decisiones tomadas, por su entereza, por sus decisiones de ahora en adelante. Esa decisión no fue un acto dramático ni una revelación repentina. Fue un momento de claridad silenciosa, una aceptación tranquila de su poder para elegir. Alex había vivido situaciones de dolor, de sufrimiento, de tristeza profunda, de desánimo, había perdido su energía vital y se había entregado al duelo, la tristeza, la pérdida.

Alex entendió que no podía cambiar el pasado, pero sí podía decidir qué hacer con el presente. Y eso era suficiente para esta etapa. "No era dueño de la cara que tiene, pero sí de la cara que pone", y eso le dio una nueva forma de ver las cosas. Alex volvió a brillar, no como la espada que había sido, sino como una versión renovada de sí misma. Su hoja fue reparada, pero más importante aún, su espíritu fue reformado. Alex empezó por tomar consciencia de su vida, de sus emociones, de sus reacciones, de sus impulsos y respuestas.

Cada golpe del martillo en el taller era un recordatorio de su viaje, de las decisiones que había tomado para llegar allí. Carlos Daga, al verlo trabajar con una nueva determinación, sonrió con orgullo. "Ahora lo entiendes, Alex. Las decisiones no nos hacen perfectos, pero nos hacen humanos, nos hacen responsables. Y en eso, hay una fuerza infinita." Se había construido el legado de una decisión. La historia de Alex Espada se convirtió en una inspiración

Antes que reinicie la BATALLA,
La historia de una profunda lucha de reconstrucción interior

para otros en el taller y más allá. Su viaje de caída y recuperación mostró que no importa cuán rotos nos sintamos, siempre podemos elegir reconstruirnos, es evidente que paso un tiempo y un proceso, por lo que es necesario entender que no a todos nos llega la luz al mismo tiempo, ni de la misma manera.

Las decisiones, por pequeñas que sean, son los ladrillos con los que construimos nuestra vida. Alex solía repetir las palabras de Epicteto a quienes venían en busca de consejo. "No son los hechos en sí los que nos perturban, sino los juicios que hacemos sobre ellos." Y añadía: "No hay peor decisión que no decidir. Así que elige, aunque sea imperfecto, y sigue adelante. Es la única manera de encontrar tu camino." Cada decisión edificaba su decisión, le daba sentido, y aun en el error, se presentaba una hermosa oportunidad de mejorar.

CAPITULO V. 7. ¿ES NECESARIO?

Preguntate consténtemente,
¿Esto es necesario?.

Marco Aurelio

Al llegar la noche, Alex Espada experimentó un cansancio como tenía años, no sentía, estaba sin energía, no entendía la sensación, más, su sensación era, saturada. Tenía claro que quería mejorar, salir adelante, superarse. Sabía que no en todo había hecho lo mejor o lo adecuado, pero estaba listo para retomar las cosas desde otra perspectiva, con otra forma. Dejar de lado el melodrama y asumir la estructura de su vida, podría haber melodrama, pero en la consciencia que hay más géneros, más cortes, más formas. Que son las decisiones las que determinan nuestra evolución, y es a partir de estas, como podemos determinar nuestra mejora, oportunidad de cambio o desarrollo

Ese día, Alex Espada entendió lo que expresó el dramaturgo inglés John Heywood, en relación con que: —Roma no se construyó en un día, sino que se ponían ladrillos cada hora—, metafóricamente, es un recordatorio que expresa que se requiere tiempo y paciencia para crear algo grandioso. Más se necesitaba mucho más que ganas y decisión. Todo ambiente era propicio, pero todo ambiente podría ser un detonante desfavorable, por lo que, el espacio era lo de menos, mucho tenía relación con la forma de tomarlo, asimilarlo y responder. La frase clásica nos invita a reflexionar que para lograr algo tienes que esforzarte consistentemente, tener la entereza y tenacidad de reconocer que el tiempo hará su parte, las cosas no serán fáciles. "Más vale paso que dure y no trote que canse".

Era tiempo de descansar y como decisión, no quiso entretenerse más con sus ideas, ni fomentar lo que le revoloteaba como idea, simplemente decidió recostarse, cerrar los ojos y dejarse ir, en un vaivén de cansancio, silencio y poco de paz. El sueño fue sin interrupciones, como hacía mucho tiempo no pasaba. El sueño era un medio energizante, Alex había perdido la continuidad y había detonado la vigilia, esto lo mantenía alerta, defensivo, de mal carácter, en algunos puntos intolerante y en lo general mal encarado. Hoy dormía y como parte del proceso, era una gran noticia.

Alex Espada se levantó vigoroso al empezar la mañana del siguiente día, era temprano, se sentía con energía. Sin pensarlo tanto, saltó de la cama, tenía una sonrisa en la cara, un nuevo día había llegado. Ahora, a diferencia de cualquier otro momento en la memoria reciente de Alex, se sentía ante la necesidad de reevaluar las cosas. ¿Es el momento?, ¿He aprendido algo relevante?, ¿Estoy en el lugar en que soñé?, ¿Aún es tiempo de mejorar?. Las preguntas resonaban con fuerza en el pensamiento, había un silencio de respuestas, parecía que las preguntas eran en este momento lo más valioso. Alex ya había ordenado su espacio, se bañó, hizo higiene general y como remate, estaba listo para iniciar su actividad en el taller, la reflexión no tenía respuesta.

La energía que experimentaba lo asombraba un poco, su forma de pensar esta vez no le aturdía, no le detenía, no había pauta para dar pasos hacia atrás, entendía en mucho que era vital pensar, solo que quedarse en el pensamiento es llevar la lógica de vida a ideas e ideales. Sabía que empezaba el cambio y necesitaba ser consistente, era necesario un esquema mixto, pensar y hacer, pensar haciendo o hacer pensando, bajo esa dinámica, ¿Será necesario pensarlo todo y tanto?. Considero sano tener en claro lo que Séneca planteaba, —lo innecesario, aunque solo cueste un céntimo, es caro—, a partir de este punto Alex Espada entraba en un modo de análisis activo, primero, aprender a comprender sus dudas, como detona su ansiedad, verla sin miedo, en construcción. A partir de ahora es necesario pensar actuando, "caminando y miando pa no hacer charco", solo así se puede solucionar lo que pasa, desde la responsabilidad y no desde la culpa o la evasión, aprender a tener la capacidad de enfrentar los miedos y lo que genera.

Alex descubrió en este camino que, no es necesario tener la mejor apariencia, ni tener más conocimiento, o el más alto nivel jerárquico o social. Eso, ¿Es necesario? En la vida, es necesario tener la sonrisa ancha, emoción en la mirada, sentimientos verdaderos, humildad y tener los brazos abiertos y el corazón sano en la emoción. Pero, esto no será posible si no soy consciente de mi espacio y lugar, si pienso en lo desfavorable y desagradable de las historias, si me hundo en el pensamiento catastrófico o me diluyo en el duelo por la pérdida.

Muchas de las cosas que Alex había vivido habían sido producto de la idea, del impulso, de reacciones. Mucho generó una parte importante de su legado, su historia de fuerza, entereza, su garra, pero, ¿Era necesario?. Marco Aurelio experimentó una plaga y se vio obligado a pasar años lejos de Roma con el ejército. Allí, en su tienda, se sentó con su diario, las páginas que se convertirían en meditaciones, y tuvo una conversación consigo mismo. Uno de los mejores pasajes que sobrevive de su reflexión es: —La mayor parte de lo que decimos y hacemos no es esencial—, escribe. —Si puedes eliminarlo, tendrás más tiempo y más tranquilidad. Pregúntate en cada momento, ¿Es esto necesario? —.

En definitiva, era un buen momento para pasar por tu vida y preguntarte sobre todas las cosas que dices, haces y piensas: —¿Se necesitaba esto?—, ——¿Es esto esencial?—, —¿Por qué estoy haciendo esto?—, — ¿Qué pasaría si yo cambiara?—, —¿Qué pasaría si hiciera las cosas diferentes?—. Estas son las preguntas que deben hacerse, todos los días, en cada momento. Representa vivir en un presente activo, y no sea un medio de análisis al momento de una situación conflictiva o de crisis. Es necesario tener claro cuáles son tus objetivos. Las cosas que ocupan espacio en tus pensamientos, acciones, ideas e ideales y los pensamientos que pasan por tu cabeza. Es claro que no todo lo que hacemos no es esencial. La mayor parte es instintiva o nos la impuso otra persona o situación alguna. Cuando la mayor parte no está funcionando para nosotros, recuerda el consejo de Marco Aurelio: "Si buscas tranquilidad, haz menos".

Se requiere encontrar felicidad en los malos momentos. Encontrar un significado positivo puede ser el impulso más poderoso para cultivar emociones positivas en los tiempos de crisis. La felicidad ayuda a crear y mantener la resiliencia emocional de forma intuitiva y natural. Sin embargo, la resiliencia emocional, también puede conducir a la felicidad. Por supuesto que nunca es bueno sufrir. Y ahora, más de un tercio de los habitantes del país dicen que esta pandemia está afectando profundamente su salud mental, una combinación de realismo, esperanza y compasión. Sé más amable, con espiritualidad, aprecia la vida con todos los momentos grandes y pequeños, usa más tus propias fortalezas en el mundo. Actúa para alcanzar estos objetivos, ve despacio, da pasos pequeños. "Cuando prestas atención al modo en que construyes tu vida en este momento, no te sentirás víctima de lo que sucede". "Las personas resilientes saben que: la felicidad no viene desde afuera".

El reto es renunciar a los estereotipos, al control, a las ideas equivocadas sobre: cómo se logra obtener la felicidad, se afirma porque somos entidades malas para predecir lo que realmente nos genera felicidad, tratamos de conseguir las cosas supuestas (dinero, prestigio, poder), y pasamos por alto cosas únicas de todos los días que realmente nos llenan de alegría. El primer error lo cometemos al socializar, nos comparamos con los demás en vez de intentar alcanzar nuestra propia dicha. Desgraciadamente, al compararnos con los demás, ponemos la parte menos agradable de lado de nosotros, activamos una forma de sentirnos menos felices. Nos acostumbramos tanto a las cosas de la vida que las normalizamos, aprendemos a dar por hecho que en todos lados pasa, de la misma manera, con los mismos medios, de la misma forma.

De esta forma: "nuestra mente tiene dificultades para identificar, reconocer y para alcanzar la felicidad". "Está naturalmente programada para sobrevivir. Le prestamos más atención a los problemas. Hay que hacer un esfuerzo para ser felices". Vacía el espacio de los problemas, en ese momento tendrás la posibilidad de ocuparlo en ser feliz, es de intentarlo.

CAPITULO V. 8. AMA TU DESTINO

No busques que los acontecimientos
sucedan como tu quieres
sino que sucedan y tu vida vaya bien.

Epicteto

Dentro del taller, Alex Espada se encontraba en una etapa de transformación intensa, profunda, diferente. Había aprendido a ver la vida con una nueva mirada, a no juzgarla, ni adjetivarla. La vida no era ni buena ni mala, perfecta o imperfecta, sino como hermosa, rica en desafíos y oportunidades. Más un requisito fundamental está en cómo traduzco el estímulo, cómo me cuento la historia y cómo aprendo a reaccionar ante ella. Como en la canción de José Alfredo Jiménez, comprendió que, —lo importante no es llegar primero, sino saber llegar—, disfrutar del camino, aprender de cada paso, y, sobre todo, a no esperar el resultado como éxito o fracaso, sino aprender a ver la belleza en medio de la imperfección.

Alex Espada comenzaba a aceptar que su existencia no se limitaba a ser el arma de un guerrero, a ser solo un instrumento de batalla, un ser en función del otro. Ahora, sin un guerrero, sin una misión de batalla clara, se encontraba en un combate diferente, la batalla por encontrar su propósito en medio de la incertidumbre. En lugar de verse como incompleta, imperfecta o menos valiosa, empezó a percibirse como una entidad independiente, con un valor propio, una historia y un futuro que le pertenecían solo a ella. Más este no sería objeto del azar, tendría que responsabilizarse y construirse, edificarse en la realidad percibida, con un fin específico.

Esta nueva actitud no era algo que había llegado fácilmente. Le había costado noches de insomnio, días de duda, y profundas reflexiones, asociar en complicidad al más profundo de sus miedos, esto sin permitirle invalidez, inmutabilidad o falta de reacción. Pero

ahora, al mirar su hoja imperfecta, comprendía lo que Friedrich Nietzsche llamaba amor fati, el amor al destino que implica:
— aceptar cada evento en la vida, sin querer que nada sea distinto, sin esperar que todo sea favorable, sino tomando cada circunstancia como algo valioso en sí mismo, algo que podía aprovechar—. Esta evolución se convertía en una oportunidad, cada paso en una posibilidad donde los resultados serán la consecuencia.

A lo largo de los siglos, los estoicos habían defendido esta misma visión. Para Marco Aurelio, cada situación desafiante era como combustible para un fuego, algo que transformaba y hacía crecer. —Un fuego llameante hace llama y brillo de todo lo que se le arroja—, escribió, y Alex Espada empezaba a entender cómo este principio podía aplicarse a su propia vida. La espada aprendía que cada obstáculo podía ser una oportunidad, y que la forma de enfrentar esos obstáculos era transformarlos. Los fantasmas que detonaban los miedos eran tan grandes como se les ponía atención. Había que cuidar la historia, los alcances y sobre todo los riesgos, esto tomando en cuenta que habrá llama y brillo en lo que sea cuidado y lo que no.

Un día, Tomás Marro y Carlos Daga se acercaron a Alex Espada. Habían notado los cambios en ella, cómo algo en su brillo y en su postura se había transformado notoriamente. La espada, que antes parecía inmersa en el sufrimiento, el miedo, la culpa y la autocompasión, ahora tenía una luz en su hoja, una firmeza distinta. En ese momento, el espadero se acercó a ellos, y les contó una historia que cambiaría la vida de Alex para siempre.

—Hay un comandante llamado Jocko Willink, quien enfrentó muchas adversidades y aprendió a ver en cada dificultad una oportunidad —dijo el espadero, mientras miraba a Alex directamente. —En cada misión cancelada, en cada derrota o en cada fracaso, él solo respondía con una palabra: "BIEN"—.

El espadero continuó narrando cómo Willink respondía a las circunstancias difíciles:

—¿Se canceló la misión? Bien. Podemos concentrarnos en otra.

¿No obtuviste el equipo que querías? Bien.

Puedes trabajar con lo que tienes.

¿No lograste el ascenso? Bien. Tienes más tiempo para mejorar.

¿Problemas inesperados? Bien. Tienes una oportunidad para encontrar soluciones.

A cada frase, Alex Espada sentía como si el espadero le estuviera entregando la clave para transformar su propia vida, aunque la clave sonaba un poco antagónica a su forma de ver las cosas y su forma de vivirlas. Comprendió, por ejemplo, que decir "bien" no era una simple palabra aislada, más bien, representaba una actitud estoica, una forma de enfrentar los problemas con aceptación y creatividad. Era la diferencia entre resignarse y transformarse. En lugar de ser una espada rota, una espada abandonada, un inútil metal sin guerrero, podría convertirse en una espada resiliente, capaz de encontrar una razón de ser en cada experiencia, sin importar cuán difícil fuera, en el entendido que la vida se construye y edifica.

En Alex Espada resonaron las palabras de Séneca, quien había hablado de cómo la fortuna actúa como le place, sin aviso, sin justicia, lanzando adversidades a quienes menos las esperan. Séneca mismo había sufrido exilio, enfermedad y hasta la muerte bajo el mandato del emperador. Sin embargo, en cada circunstancia, decidió teñir esos eventos con sus propios colores. No se limitó a soportar lo que sucedía; cada circunstancia la usó para crecer, para aprender, para fortalecerse. Así, Alex decidió abrazar la idea de amor fati, de no solo soportar las situaciones, sino amarlas tal como venían, ver en ellas una oportunidad de transformación. Sabía que, como en la historia del comandante Willink, era ella quien decidía cómo interpretar cada evento, cómo hacer que cualquier desafío se convirtiera en algo bueno.

Al final del día, cuando el taller se llenaba de sombras y de un silencio profundo, Alex se tomó un momento para reflexionar sobre esta nueva forma de pensar. Ya no era la espada rota que temía cada falla, cada imperfección. Ahora entendía que cada golpe, cada arañazo, cada marca en su hoja eran parte de su historia, y que esas marcas la hacían única, le daban identidad, la convertían en irremplazable. Como el fuego que transforma la madera en luz y calor, ella también podía transformar sus experiencias en sabiduría y fortaleza. Era un proceso largo, requería de constancia, perseverancia, pero Alex podría hacerlo, solo se trataba de no perder el ritmo, la idea y la continuidad.

A partir de ese día, Alex decidió que cada vez que algo contrario a lo que esperaba o definido como "malo" sucediera, respondería con un "bien", si bien es cierto las cosas no estaban funcionando, tampoco eran una tragedia, por lo que había que darle su justa proporción y luego buscaría una forma de convertirlo en algo positivo, o sacar lo mejor de cada momento, hasta el aprendizaje. Si aparecía un defecto o fallo en su hoja, lo vería como una oportunidad para fortalecer otra parte de su estructura. Si el espadero retrasaba alguna de sus reparaciones, lo tomaría como una oportunidad para aprender paciencia y para prepararse aún más para su retorno, respetar el tiempo, respetar el resultado, honrar su presencia y vivencia.

Alex Espada empezó a darse cuenta de que la vida no era perfecta, los seres humanos éramos entidades imperfectas, incompletas y que lo justo y lo injusto no eran más que interpretaciones. Por eso, Alex había aprendido que mucho de la forma de traducir nuestra vida, tenía relación con la historia que me habían contado, con la forma de verlo, de entenderlo y responder a los estímulos que se presentan. La vida era lo que era: hermosa y compleja, impredecible y llena de posibilidades. Era tarea de Alex

Espada, y solo suya, decidir cómo responder, cómo transformar cada reto en algo que pudiera aprovechar para su crecimiento. Como entidad en reconstrucción, podía ver nuevas formas, mil y una formas diferentes para resolver lo que se presentaba como problema.

En lugar de esperar grandes logros o éxitos externos, Alex Espada aprendió a apreciar cada pequeño avance, cada lección, cada momento de claridad. Al final del día, ya no importaba cuánto había hecho o cuán lejos había llegado, sino la forma en que había enfrentado cada obstáculo, buscando en todo momento vivirlo desde la serenidad y determinación. Alex Espada ya no esperaba ser perfecta ni necesitaba un guerrero que le diera sentido a su vida. Había aprendido a valorarse en su individualidad, a respetarse y a mirarse con una aceptación profunda. Sabía que, como decía Nietzsche, no solo debía soportar lo necesario, sino amarlo, porque era precisamente en esas pruebas donde encontraba su verdadera grandeza.

El amor fati se había convertido en su guía, en su fuente principal de energía, en su principio de vida. Sabía que, sin importar cuántas dificultades se presentaran en su camino, siempre tenía el poder de responder con un "bien" y de transformar cualquier desafío en una oportunidad para crecer. Fueron tiempos de mejora, de más energía, de mejores resultados. Alex Espada empezó a disfrutar del logro y a aprender de todo aquello que salía más allá de lo esperado. Edificar mi propia vida y ser respetuoso de sus resultados, amar ese destino por el que he decidido transitar.

CAPITULO V. 9. HABLA CON LOS MUERTOS

"Mejor tropezar con los pies
que con la lengua".

Zenón

Alex Espada se encontraba en una tarde lluviosa. Dentro del taller, había un calor concentrado por la forja, se percibía un estado de calma y curiosidad. La espada llevaba días cuestionándose sobre el sentido de todo lo que había vivido y de cómo podía hallar respuestas en su soledad, esta situación aún la lastimaba y la debilitaba. Fue en ese instante, mientras el repiqueteo de la lluvia golpeaba el techo, que escuchó al espadero contar la historia de Zenón de Citio, el fundador del estoicismo.

—Zenón era un joven inquieto, ansioso de sabiduría —comenzó el espadero, ajustando un martillo en su cintura—.

Un día, recibió un consejo del Oráculo que le cambiaría la vida: "Para vivir la mejor vida, debes tener conversaciones con los muertos."

Alex se quedó en silencio, intrigada. La primera imagen que le vino a la mente fue la de un cementerio, lúgubre y frío. Pero el espadero continuó:

—No, no es como imaginas. El Oráculo no se refería a charlar con fantasmas o a pasar las noches en un cementerio.

Lo que el Oráculo quiso decir es que debía hablar con los sabios del pasado a través de los libros.

El espadero explicó que Zenón, desde entonces, dedicó su vida a aprender de los textos antiguos, de las palabras de los que ya no estaban físicamente, pero que vivían en las páginas de los libros. Al leer, Zenón accedía a las mentes de los filósofos, guerreros, y líderes que habían recorrido caminos similares al suyo. De esta forma, Zenón construyó su filosofía basada en los pensamientos de aquellos que habían sido testigos de la naturaleza humana y de la esencia de la vida. Leer era un hábito que Alex Espada podría desarrollar para sus espacios de calma, que había que transportarlos de angustia, tristeza y melancolía, a un mundo de reflexión, análisis y encuentros con el pasado.

La historia despertó algo en Alex Espada. Por primera vez en mucho tiempo, sentía un profundo deseo de aprender y buscar todos los medios para recuperar información a través de la lectura. Aunque era una espada y su vida estaba llena de batallas, comenzó a cuestionarse si la verdadera fuerza radicaba solo en la resistencia de su hoja o la fuerza de su empuñadura. Recordó haber escuchado al espadero hablar de Marco Aurelio y sus "Meditaciones", de Séneca y sus cartas a Lucilio, de Epicteto y su guía para la vida. Existía una curiosidad genuina de Alex Espada por ver con mayor profundidad estos planteamientos, estas teorías y formas.

Alex Espada pensó que, si esos sabios habían escrito sobre la naturaleza humana, entonces quizás sus palabras también podrían iluminar su propio camino. Durante la noche, mientras el taller quedaba en silencio y el fuego de la forja se apagaba poco a poco, Alex se imaginaba hablando con esos grandes pensadores, dialogando con ellos a través de sus textos, como si realmente estuvieran allí compartiendo con él, coincidiendo.

—Si estos sabios lograron encontrar sabiduría y fortaleza en medio de sus propias dificultades —pensaba—, tal vez yo también puedo encontrar respuestas en sus palabras—.

Varias noches después, al ver la enorme inquietud de Alex Espada a la historia y la narrativa, el espadero compartió otra historia, esta vez sobre Harry Truman, quien ocupó la presidencia en un momento crítico de la historia de Estados Unidos. A pesar de las presiones y los desafíos que enfrentaba, Truman era conocido por su hábito de lectura. En lugar de depender únicamente de las noticias del día o de los consejos inmediatos, Truman buscaba sabiduría en el pasado. Leía sobre Marco Aurelio, Enrique de Navarra, Thomas Jefferson, y otros líderes históricos, como si estuviera conversando con viejos amigos.

—La historia, para Truman, no eran simples, fechas o eventos pasados —explicó el espadero—. Para él, era una conversación viva con personas que lo ayudaban a ver sus propios problemas desde una perspectiva más amplia—.

Alex Espada comprendió el valor de estas "conversaciones con los muertos". Aquellos líderes y sabios enfrentaron conflictos, miedos, decisiones difíciles, y se tomaron el tiempo de plasmar sus reflexiones, dejar plasmadas sus ideas en papel. Al leer sus palabras, uno podía aprender sin tener que vivir las mismas dificultades. Era como si los pensamientos de esos grandes seres atravesaran el tiempo para brindarle guía a cualquier alma que estuviera dispuesta a escucharlos. En ese sentido, los medios existían, estaban en disposición, más como bien se tiene claro: si no sabes que te enseño, si no puedes te ayudo, más si no quieres no hay nada que podamos hacer.

A medida que Alex Espada se sumergía más en sus pensamientos, entendió que leer, como decía el Oráculo a Zenón, no era solo un acto de aprendizaje. Era una superpotencia que muchos decidían ignorar, inmersos en las distracciones diarias, en las voces de la televisión, las redes sociales, o las opiniones inmediatas y superficiales. Ignorar la sabiduría del pasado era elegir vivir sin las herramientas que podían fortalecer el carácter, sin la compañía de quienes habían encontrado respuestas en sus propios tiempos.

—Es necesario hablar con los muertos para entender la vida —se dijo Alex, llena de una convicción nueva—. Ellos no están muertos realmente; viven en cada palabra que nos dejaron, esperando que alguien se acerque para escuchar.

El espadero observó la determinación en la hoja de Alex, y se acercó con una sonrisa. Sabía que había sembrado en ella la semilla de la sabiduría, que la espada comenzaba a comprender la importancia de buscar conocimiento en aquellos que habían recorrido el camino antes que ella, acceder a la fuente de conocimiento que dan los libros, tener en claro que, si los conocimientos existen, ¡porque no acceder a ellos!, es necesario reconocer que para habilitar este ejercicio en el quehacer cotidiano se requiere de tiempo, de espacio, de momentos especiales para un compartir, un intercambio con los autores, con sus ideas y sus historias. Quizá no todo aplique, pero es interesante ver desde los ojos de la lectura, cómo otros se han equivocado ante variables diversas de la vida en la vivencia.

Respecto al tema, Alex Espada decidió que, cada día, dedicaría tiempo a leer y a aprender de esos grandes pensadores. No tenía acceso directo a los textos, pero podía pedirle al espadero que le narrara fragmentos, que compartiera su propio conocimiento de esos libros que él mismo había estudiado con devoción. Así, cada tarde, cuando el trabajo en el taller disminuía, el espadero se sentaba cerca de la forja y leía en voz alta para Alex. Escuchó sobre la tranquilidad de Marco Aurelio en medio de la guerra, sobre la fortaleza de Séneca en el exilio, y sobre la manera en que Epicteto, un esclavo, encontraba libertad en su mente, recordando que lo único realmente bajo su control era su propia voluntad.

Con el paso de las semanas y los meses, las enseñanzas de estos filósofos se volvieron parte de la propia vida de Alex. Cuando se encontraba abrumada o sumida en pensamientos oscuros, recordaba las palabras de Epicteto sobre la libertad interior, o las reflexiones de Marco Aurelio sobre la aceptación de la naturaleza cambiante de la vida. La riqueza de los textos le permitía un pensamiento constructivo, no idealista, Alex era consciente que "hablar con los muertos" representaba un intercambio de vida, además, tenía mucho que ver la forma de traducir lo leído, lo expresado, lo manifestado, esto orienta a una visión de impulso, Alex soñaba con superar obstáculos, con salir delante de su tristeza profunda, eso que denominaban depresión.

Esa noche, después de una sesión de lectura junto al espadero, Alex reflexionó en silencio. Comprendió que sus problemas no eran tan diferentes de los que habían enfrentado esos grandes sabios. La sensación de pérdida, el miedo al futuro, la sensación de rechazo, la culpa, la tristeza profunda que la embargaba, todo era parte de la experiencia humana, algo que incluso los filósofos habían enfrentado desde diferentes esquemas y perspectiva. Cada uno lo expresaba a su manera y lo resolvió en su contexto (tiempo, lugar y circunstancia).

Al final, Alex Espada encontraba en esos textos la inspiración que necesitaba para continuar. A partir de entonces, cada problema que enfrentaba era una oportunidad para aplicar alguna lección aprendida. Cuando el miedo se hacía presente, recordaba la libertad de Epicteto; cuando el desánimo la invadía, pensaba en la paciencia de Marco Aurelio. Poco a poco, aquellas enseñanzas la guiaron fuera de su estado depresivo y le dieron la fuerza para ver su vida con una nueva perspectiva. La lectura le daba formas, visiones, estilo, opciones, las cosas pasaron de ser "bueno o malo" y se transformaron en opciones, formas distintas de ver lo mismo y la búsqueda de nuevas opciones para resolverlas.

Después de unos meses, Alex Espada sentía que, cada día, sus pensamientos se volvían más claros y su mente más resiliente. Ya no era la misma espada que llegó al taller llena de desesperanza. Ahora, en cada marca de su hoja, llevaba un fragmento de sabiduría, un recordatorio de las enseñanzas que había obtenido de esos sabios. Hablar con los muertos se había convertido en su ritual, en su refugio. A través de los libros, comprendió que su dolor, su tristeza y sus dudas no eran algo único ni insuperable. Otros, mucho antes de ella, habían pasado por esos mismos desafíos, y sus palabras le mostraban el camino hacia la resiliencia, la aceptación y la fortaleza interior. Aprendió que la depresión es una enfermedad que merece respeto, pero sobre todo, de la atención oportuna de profesionales de la salud que ayuden al equilibrio, tratamiento y mejora de la patología.

El espadero, observando los cambios en Alex, supo que había cumplido con una parte de su tarea. Había guiado a la espada hacia una nueva forma de ver la vida, una en la que los desafíos eran oportunidades para crecer y donde el conocimiento de los antiguos le proporcionaba una base sólida para enfrentar el futuro. Alex ya no era solo una espada en reparación; era una entidad en constante aprendizaje, una viajera en el tiempo y una eterna estudiante de la sabiduría de los grandes. Hablar con los muertos, entendió Alex Espada, era un recordatorio constante de que la vida, aunque difícil, siempre está llena de sentido si uno se esfuerza en buscarlo.

Una tarde, previo al oscurecer, Alex Espada permanecía en su rincón del taller, observando el fuego en la forja. Esa tarde se encontraba meditabundo, un poco ausente, melancólico, desde que su guerrero cayó en batalla. No había un solo día en el que no pensara en él, en cómo la dejó tras su fallo en batalla, la cuidó, no la arriesgó. Su mente se llenaba de recuerdos compartidos, de batallas ganadas, de ese vínculo inquebrantable entre guerrero y espada. Esos recuerdos eran una comunicación con sus muertos, un vínculo con su guerrero, no era un libro, era una vivencia. Sin embargo, ese recuerdo ahora era una herida abierta. Una historia con una resolución imaginaria, sin soporte, sin sustento.

El espadero había notado esta inquietud en Alex desde hacía tiempo. Sabía que las armas, aunque sin vida propia, tenían recuerdos grabados en su metal, su propia historia. Decidió entonces compartir con Alex la antigua sabiduría de los estoicos, que hablaba de cómo enfrentar el dolor y honrar a quienes han partido.

—El duelo, Alex, es normal y natural —le explicó el espadero, mientras avivaba el fuego—. Es la reacción del alma ante la pérdida. No es una enfermedad ni algo que debemos ocultar. Pero también es importante aprender a vivir con el dolor, sin dejarnos arrastrar por él.

Para Alex, el duelo era un peso incesante, una sombra oscura que nublaba su percepción. Sabía que, en la batalla donde su

guerrero perdió la vida, ella no estuvo presente, y esto la carcomía por dentro. La culpa era su fantasía persistente, una cadena invisible que la ataba al pasado y no la dejaba avanzar. Su juez interno le repetía insistentemente: «fallaste cuando te necesitaron». Su guerrero había partido, y la imagen de él se volvía tan difusa como constante.
El espadero pudo percibir esta batalla interna y, con el tono sereno de un maestro, le relató cómo los estoicos enfrentaban el dolor.

Explicó que las primeras impresiones, esas emociones intensas y dolorosas que surgen ante la pérdida, son naturales y fuera de nuestro control. Los estoicos llamaban a estas primeras impresiones "fantasía", una respuesta automática e involuntaria que nos hace percibir la realidad de manera distorsionada.

> —El estoicismo no te pide que suprimas esa primera reacción —le dijo el espadero—. Solo te invita a observarla, a reconocer que esa sensación es pasajera y que lo importante es cómo decides responder una vez que la tormenta se calme—.

Durante una de las largas noches en el taller, el espadero habló de otra forma de "hablar con los muertos". Además de leer y aprender de los sabios antiguos, era el acto de recordar y honrar a quienes ya no estaban, era una forma de mantenerlos presentes, vivos. De esta manera, su legado no solo permanecía en el recuerdo, sino que también continuaba dando sentido a la vida de los vivos.

> —Piensa en tu guerrero, Alex, no solo en el dolor de su partida, sino en todo lo que compartieron. Honrar su memoria es una forma de enfrentar tu duelo, no para dejarlo atrás, sino para darle un lugar en tu vida sin que te destruya—.

Alex Espada recordó cómo su guerrero siempre la trataba con respeto, cuidándola, afilándola y asegurándose de que estuviera lista para cada enfrentamiento. La ubicaba como parte de sí, su extensión, y tenía respeto por ella y valoraba su trascendencia. Ella entendía ahora que recordar a su guerrero no significaba únicamente revivir su ausencia, sino también reconocer el impacto positivo que él había dejado en su vida. El verdadero reto al vivirlo era expresarlo en su vivencia, desde la experiencia aportada, desde lo vivido, en cada movimiento, en la batalla, en cada espacio de combate, con cada victoria. Era una remembranza desde el aprendizaje, desde lo aprendido, en la ganancia del saber.

Los estoicos sabían que el dolor era parte ineludible de la vida. No pretendían evitarlo, sino aprender de él, transformarlo. Como dijo Séneca, el dolor que sentimos ante la pérdida de alguien querido no debe hacer que enterremos también los buenos recuerdos, los momentos mágicos vividos. El espadero, mientras afilaba nuevamente la hoja de Alex, le recordó las palabras de Séneca:

> "¿Entonces todo ha sido en vano que hayas tenido un amigo así? Durante tantos años, en medio de asociaciones tan estrechas, después de una comunión tan íntima de intereses personales, ¿no se ha logrado nada? ¿Entierras la amistad junto con un amigo?"

Estas palabras resonaron profundamente en Alex Espada. Recordó cada batalla, cada momento compartido, la valentía de su guerrero y la lealtad que siempre los había unido. Esos recuerdos eran ahora lo único tangible que le quedaba de él. Decidió entonces conservarlos, pero sin la carga de miedo, angustia o culpa. Era su forma de honrarlo. Sacando los mejores momentos compartidos, las mejores batallas, el gran aprendizaje, los momentos de celebración, la soledad de ser el líder, la planeación y preparación antes de la siguiente batalla, los vacíos, los silencios, todos los recuerdos eran mucho mejores cuando se enfocaban de otra manera, sin fundamento en la muerte.

A lo largo de los días, Alex Espada empezó a comprender la importancia de aceptar el dolor en lugar de resistirlo, desde joven fue estricto en su formación y era estricto consigo mismo, al buscar la perfección, tensaba las cosas con sus relaciones en la idea de que las cosas tenían que hacerse bien, esto a los ojos de Alex. De manera similar, sus ideas eran rígidas e inflexibles. El espadero le enseñó que la aceptación no significaba resignación, sino simplemente entender que el dolor es tan natural como el gozo y que forma parte de la vida.

Marco Aurelio, uno de los más grandes estoicos, había escrito en sus "Meditaciones" que la verdadera fortaleza radica en aceptar los eventos tal como vienen y responder con calma. Es decir, ver el dolor como una experiencia que forma parte de la existencia humana y que, como tal, no puede ni debería ser evitado.

Con esta nueva forma de ver las cosas, Alex Espada dejó de ver su dolor como un enemigo y empezó a verlo como parte del proceso. Empezó a verlo como una parte, una transición, una parte necesaria para poder avanzar. Entendió que la pérdida de su guerrero era algo que no podía cambiar, pero que podía aprender a vivir con ello, sin que la culpa la consumiera, o el miedo la desbordara. La historia con su guerrero era una enorme historia, como para reducirla en el espacio del sepulcro o solo a un recuerdo vacío del combate. La relación entre Alex Espada y su guerrero era mucho más amplio, intenso y vivió, era así como había decidido recordarlo y vivirlo hacia adelante.

Alex sabía que, cada vez que recordaba la última batalla de su guerrero, esa, en la que no había participado y era producto de su imaginación, su mente la arrastraba a pensamientos oscuros y destructivos, todos desde la fantasía, desde la creencia, sin soporte, sin sustento, la única realidad era que su guerrero había muerto. Sin embargo, las enseñanzas de los estoicos le habían mostrado que esos pensamientos eran una idea, una percepción inicial que no debía gobernar su vida. Las ideas de la muerte de su guerrero eran efímeras, dolorosas, culposas, irreales. No representaban ni lo que había pasado y mucho menos refrendaban en ninguno de los puntos la relación.

Después de esa reflexión, Alex Espada empezó a recordar a su guerrero de una manera diferente, no con el lamento de no haber estado allí, sino con gratitud por los momentos compartidos. Como decía Séneca, una gran parte de aquellos a quienes hemos amado permanecen con nosotros, al final queda su esencia. La existencia de su guerrero no se reducía a su muerte; al contrario, se expandía en todos los recuerdos y aprendizajes que le había dejado, en las historias que podía contar, las vivencias vivas en ella, pero sobre todo en este acto de respeto, lealtad y amistad de la que había sido partícipe en esta relación, única. Comenzó a encontrar consuelo en esa perspectiva. Sabía que el dolor seguiría siendo parte de ella, pero ahora comprendía que podía convivir con él de una forma que la fortaleciera. Mientras su pensamiento lo evocara, su guerrero permanecería vivo.

El espadero compartió con Alex otra enseñanza estoica que en su criterio le brindaría consuelo: no estaba sola en su dolor. —Todos enfrentan pérdidas en algún momento, todos sufren, todos llevan cicatrices invisibles—. Recordó las palabras de Séneca, quien insistía en que —el duelo era parte de la vida humana, que era imposible encontrar a alguien que no hubiera perdido a alguien querido—. Esa idea ayudó a Alex a verse a sí misma como parte de una comunidad que compartía su sufrimiento. Su duelo ya no era algo que la aislara, sino una experiencia común, una conexión silenciosa con todos aquellos que alguna vez habían amado y perdido a alguien importante.

Alex Espada comprendió que su dolor, aunque individual, no la hacía única. El duelo era algo compartido, y saber esto le dio una fuerza inesperada. No era una espada rota y solitaria; era parte de una cadena interminable de seres que aprendían, caían y se levantaban. Algunos eran fundidos, remoldeados, afilados, con la misma o con nuevas aleaciones, respetando su naturaleza, pero edificando mejores piezas, mejores combinaciones y con mayores recursos para enfrentar con enduresa la batalla, el fin era el mismo en todo momento, ganar.

Con el tiempo, Alex dejó de cargar su dolor como una piedra que la hundía, y comenzó a usarlo como un ancla que le daba estabilidad. El recuerdo de su guerrero ya no era una herida, sino una cicatriz, una marca que hablaba de amor, de lucha y de valor, había sellado y ya no era objeto de infectarse haciéndole sufrir. Si bien el dolor no se había extinguido, este tomaba un nuevo sentido y dirección, ahora era una fuente de aprendizaje, un punto y lugar de mejora, un medio para su desarrollo y crecimiento.

En los días siguientes, el espadero notó el cambio en Alex. La hoja, que antes parecía apagada, incluso oxidada, ahora brillaba con una fuerza renovada, era intensa, fuerte, viva. La espada había aprendido a honrar a su guerrero, no con lamentos ni culpa, sino con una gratitud silenciosa y profunda. Había hecho las paces con el pasado y con el dolor, reivindicándolo como un aprendizaje, como un espacio de oportunidad, como un recuerdo hacia la añoranza, el desarrollo y el crecimiento. Representaba una nueva forma de contar la misma historia, menos dolor, menos lamento, más aprendizaje.

Alex Espada entendió finalmente que vivir y mantener en la memoria de los que ya no están es un acto estoico. Aprendió a no resistirse al dolor, sino a recibirlo, a enfrentarlo con dignidad, y a transformar cada recuerdo en un motivo para seguir adelante. Se transformaba de un momento ciego y de dolor, a un espacio de desarrollo, aprendizaje, crecimiento y mejora. La voz de su guerrero, aunque lejana, seguía viva en su memoria. Cada vez que se sentía abatida, recordaba sus enseñanzas, sus palabras, el valor que él le transmitía. Había aprendido a hablar con los muertos, no solo a través de la lectura de sabios antiguos, sino honrando a aquellos que habían sido parte de su vida, contando las historias, manteniéndolos vivos desde el aprendizaje.

El duelo era ya un proceso de sanación, una manera de integrar todo lo vivido y avanzar con fuerza renovada. Así, Alex Espada se convirtió no solo en una herramienta de combate, sino en un ser que llevaba en su hoja la memoria de un guerrero y la fortaleza de aquellos que saben enfrentar el dolor. Comprendió que la vida no era justa ni perfecta, pero que eso no le quitaba su belleza ni su valor. La pérdida entendió Alex, no es el fin. Es solo un recordatorio de la importancia de lo que fue y de la fuerza de lo que aún puede llegar a ser.

Antes que reinicie la BATALLA,
La historia de una profunda lucha de reconstrucción interior

Ahora estaba lista para enfrentar una batalla más, que sería intensa y adrenalínica. Un espacio donde no hay garantías, por lo que ganar es una opción solamente. Esta batalla sería encarnizada, con poco de imaginación, matizada con vivencia. Su mente insistentemente intentaría arrastrarla a pensamientos oscuros y destructivos, todos desde la fantasía, en la creencia, sin sustento. Ahora Alex Espada lo tenía claro, las enseñanzas de los estoicos le habían mostrado de diversas formas que sus pensamientos generaban ideas, percepciones que no debían regir ni gobernar su vida. Había decidido reescribir parte de su historia y edificarla, a partir de ella estaba aquí, lista, atenta, viva, así, simplemente Alex.

> "Te estoy guiando al lugar donde todos los que buscan escapar de la Fortuna deben buscar refugio, los estudios filosóficos: sanarán tu herida, arrancarán de tu memoria todo dolor arraigado." Incluso si no los hubieras convertido en tu compañero constante antes, tendrías que usarlos ahora".
>
> Séneca

CAPITULO V. 10. SÉ DURO CONTIGO MISMO Y COMPRENSIVO CON LOS DEMÁS

Se tolerante con los demás y
estricto contigo mismo.

Marco Aurelio

El frío del taller se sentía más denso aquella mañana, como si el invierno hubiera decidido asentarse de golpe. Alex Espada miraba el fuego crepitar en la forja, absorta en pensamientos. Los días recientes le habían dado muchas lecciones, se sentía un poco saturada, venían los tiempos de análisis, de reflexión, de asentar el conocimiento, pero había algo que seguía latente, algo que no lograba resolver del todo: su relación con las expectativas. No solo las que tenía de los demás, sino las que tenía sobre sí misma. Este pensamiento lograba hacer que se perdiera un poco el control y dejar de dar seguimiento a su estrategia de mejora.

Desde el inicio de su existencia, en el molde como buena espada de Damasco, Alex había aprendido a ser dura consigo misma. La disciplina era su estructura, su hoja estaba forjada en la rigurosidad y en los constantes juicios de su propio valor. No podía permitirse errores, mucho menos concesiones. Su vida, pensaba, dependía de su perfección, de demostrarles a todos su fuerza, su orden, disciplina. Pero entonces, ¿por qué le resultaba tan difícil aplicar esa misma dureza y crítica a los demás? ¿Por qué sentía que debía comprenderlos y disculpar sus fallos, aunque no lo hiciera con ella misma? Alex entendía que las espadas de Damasco eran forjas especiales, metales únicos, específicamente para la batalla.

Cada espada medieval en el taller tenía un molde que había dado forma a sus estructuras generales, a su forma de ver las cosas en el mundo y a cómo edificó responder ante ellas. En el caso de Alex, su estructura la generó Elena Molde, una artesana que había dedicado su vida a definir las líneas de cada espada con precisión y maestría. Elena era exigente consigo misma, mucho más con sus creaciones. Insistía en que la perfección era una meta y el esfuerzo para acercarse a ella era lo que daba sentido a la existencia, recurrentemente ser mejor, para ser excelente.

—Todo en esta vida debe tener una razón, Alex —le decía Elena, mientras perfilaba los bordes de su hoja—. Pero el primer paso para entender esa razón es saber cuándo debemos ser críticos y cuándo debemos ser compasivos—.

Elena Molde enseñó a Alex Espada que ser estricta consigo misma era el pilar de su crecimiento, pero también le advirtió sobre los peligros de los excesos, la disciplina sin control se puede transformar en anarquía. La perfección no podía ser el objetivo absoluto, porque la vida, como el metal, tenía imperfecciones que le daban carácter, su identidad. Así, el reto no era eliminar los defectos, sino aprender a vivir con ellos. Entonces, nos olvidamos de la perfección, de la invulnerabilidad, de lo estético. Nos definimos, en consecuencia, con nuestra vivencia, con nuestra forma de recibir los estímulos y con la forma como aprendimos a responder. Alex era crítico para los otros y en ocasiones crítico para sí mismo.

Con el tiempo, Alex comenzó a diferenciar entre la voz de su juez interno crítico y el criticón. Un día, mientras reflexionaba sobre la diferencia, el espadero notó su distracción y decidió compartir una historia de Cato, el célebre estoico.

—Cato era un hombre rígido, de ideales inquebrantables, le explicó. Odiaba los excesos y el lujo, y consideraba que ceder a tales cosas era una señal de debilidad. Sin embargo, su hermano no compartía esa visión, y, a pesar de ello, Cato lo amaba profundamente—.

Alex escuchaba, intrigada.

—¿Sabes cuál era la clave para Cato? —continuó el espadero—. Su severidad solo aplicaba a él mismo.

Con su hermano, era diferente. Lo amaba y aceptaba, incluso si no compartía sus valores. No todos en la vida ven el mundo como tú, ni siguen tus mismos principios, y está bien. Eso no debería cambiar el amor o el respeto que les tengas—.

Alex empezó a comprender que la verdadera sabiduría estoica consistía en ser estricta consigo misma y tolerante con los demás. El juez interno debía ser un aliado, no un verdugo, y aprender a distinguir entre el crítico constructivo y el criticón era esencial para lograr esa diferencia. En el fondo de su alma metálica, Alex entendía que la clave estaba en no caer en los excesos. Había sido forjada con las enseñanzas de Elena Molde, quien le había transmitido la importancia de la moderación, la fuerza, la entereza, a ser ganadora. Sin embargo, el juicio hacia sí misma a veces se volvía despiadado, un crítico cruel que solo veía sus fallos y limitaciones al grado de definirla como un insipiente pedazo de metal con fallo.

Esa autocrítica extrema se había presentado con mayor intensidad después del fallo de la última batalla, El sentirse vulnerable la hizo potenciar a su juez interno, esto la había llevado a compararse continuamente con otras espadas, buscando siempre ser mejor, más afilada, más precisa. Sus ojos veían bonito pa'fuera y feo para dentro. La búsqueda implacable había comenzado a mostrar sus efectos de manera exhaustiva, amplificada. A veces, se sentía agotada, cansada de las expectativas. Su guerrero ya no estaba, y ella, después de los primeros meses de su partida, seguía exigiéndose como si el mundo dependiera de su perfección. Eso la hundió en una espiral de tristeza, apatía, distimia que la llevó a la depresión profunda.

Recordaba las palabras de Marco Aurelio, compartidas por el espadero en uno de sus muchos diálogos:

"Sé estricto contigo mismo y tolerante con los demás. Eso es lo que realmente importa".

Antes que reinicie la BATALLA,
La historia de una profunda lucha de reconstrucción interior

Alex Espada estaba en un proceso de cambio, esto significaba revaluar su visión de sí misma. Empezaba a entender que no podía seguir exigiéndose a niveles tan altos sin concederse también momentos de compasión. La vida comprendió que no era una batalla constante contra los errores, sino una oportunidad para aprender de ellos y avanzar. Alex decidió empezar a aplicar esta nueva filosofía que empezaba a aprender las variables de su vida. Las variables cambiaron y, en lugar de centrarse solo en sus fallos o en los defectos de los demás, se propuso encontrar lo bueno en cada cosa y en cada persona. Fue un ejercicio que al principio le pareció difícil, casi como aprender una nueva habilidad. Más con el paso del tiempo, empezó a notar pequeños pero significativos cambios.

Se empezó a ver el trabajo del espadero con otros ojos. No solo era un hombre dedicado, sino alguien que se preocupaba profundamente por el bienestar de sus espadas, escudos, implementos y herramientas en su taller. Comprendió también que no todas las espadas compartían su misma visión de rigor. Algunas preferían una vida más tranquila, sin las exigencias que ella misma se imponía. Y eso estaba bien. Cada quien vivía su vida a su manera. A medida que Alex adoptaba esta nueva perspectiva, su propia carga interna se aligeraba. Se dio cuenta de que no tenía que cambiar el mundo ni a los demás, sino que debía centrarse en lo que estaba bajo su control: su propia actitud y su capacidad para encontrar lo positivo en las situaciones.

En el proceso de entender esto, Alex Espada comenzó a recordar a su guerrero desde un lugar diferente, dignificando su actuar. En lugar de lamentar su partida y castigarse por no haber estado en su última batalla, decidió honrarlo mediante la práctica de la compasión. Recordarlo con amor, sin dolor, era una forma de mantenerlo vivo en su corazón, sin que el juicio o la culpa distorsionaran su memoria. Decidió entonces enfocarse en construir una relación sana con sus recuerdos, dejando que las enseñanzas de su guerrero fueran su guía, y no el dolor de su ausencia. La compasión, era la clave para la paz interna, el puente que unía la justicia con la tolerancia. Aprender a ser crítica, pero no cruel, consigo misma y con los demás, era el verdadero camino hacia una nueva forma de vivir la vida.

Cada día, Alex se recordaba a sí misma las palabras de Marco Aurelio:

"Sé estricto contigo mismo y tolerante con los demás".

Con esa frase en mente, Alex comenzó a observar su vida desde una nueva perspectiva, más libre de juicios y excesos. La rigurosidad seguía siendo parte de su esencia, pero ahora estaba acompañada de una comprensión profunda, una tolerancia que la liberaba de la carga de ser perfecta. Alex Espada comprendió que ser justo no significaba ser perfecto, sino saber equilibrar el rigor con la compasión y la paciencia. La crítica bien empleada era un recurso invaluable, una guía que le permitía avanzar y mejorar, sin dejarse aplastar por el peso de las expectativas. Y con el tiempo, descubrió que al ser más comprensiva con los demás, su propio corazón encontraba también un lugar de paz, un remanso de tranquilidad.

El fuego en la forja continuaba ardiendo, como una llama eterna que representaba su proceso de crecimiento. Había aprendido que, como el metal, ella también era moldeable y que cada paso en su camino la acercaba un poco más a la serenidad. El juicio, cuando es justo, no necesita ser un verdugo. Es simplemente un recordatorio de que estamos en constante construcción, siempre creciendo, siempre aprendiendo. Alex, la espada medieval, ahora sabía que lo más importante no era ser perfecta, sino ser auténtica en su viaje. El camino aún era largo y lo más importante no era llegar primero, sino saber llegar, en ese sentido, la historia ya estaba contada.

CAPITULO V. 11. DAR LA VUELTA A LOS OBSTÁCULOS

Se tolerante con los demás y
estricto contigo mismo.

Marco Aurelio

Alex Espada había pasado incontables días en la penumbra del taller, con un entorno de calor, humedad e incomodidad, rodeado del eco del martillo y el chisporroteo del fuego en la forja. El calor abrazador y la luz anaranjada de las brasas parecían reflejar su propia lucha interna. Un día hacia adelante, otros cuántos hacia atrás, un día en pensamiento, otros en miedo, angustia y culpa. Aquel lugar, lleno de herramientas e historia, se había convertido en su refugio y prisión a la vez, aplicaba la frase de —aunque la jaula sea de oro, no deja de ser prisión—. Alex se sentía rota, despojada de su propósito, en un sinsentido en la vida, como un objeto olvidado que alguna vez tuvo un gran valor.

El peso de la pérdida y el fracaso seguía siendo una carga constante. Los pensamientos catastróficos eran cotidianos. "¿Para qué seguir adelante?", se preguntaba. Pero en los momentos más oscuros, la voz de su guerrero regresaba a su memoria, como un susurro del pasado.

—La vida no siempre es justa, Alex, pero es hermosa. Lo que parece ser el fin, muchas veces es el inicio de algo más grande.—

Estas palabras resurgieron en su mente una tarde, cuando sus ojos se posaron en un libro abierto sobre la mesa de trabajo del espadero. Era "Meditaciones" de Marco Aurelio, con un pasaje subrayado que parecía estar escrito para Alex.

> *"El impedimento para la acción hace avanzar la acción. Lo que se interpone en el camino se convierte en el camino."*

Las palabras se encendieron como brasas en su corazón. El mensaje era claro: los obstáculos no eran el final, sino el inicio de una transformación. Cada fin representa un inicio, no hay finales sin principios. Alex sintió cómo el eco de esta filosofía comenzaba a moldear su perspectiva, como un metal frío que se calienta y toma nueva forma en la forja. Reaprender la historia era una posición complicada, impráctica, sentirse derrotado y vencido, listo para el fracaso y llegar a la conclusión de que es el momento para iniciar un nuevo impulso, de entrada, parecía complicado.

El espadero, un hombre sabio de pocas palabras, observaba a Alex desde la distancia. Con cada golpe de su martillo, hablaba sin necesidad de abrir la boca. El trabajo era arduo, fuerte, y el calor invadía los espacios. La forja era un trabajo artesanal, requería tiempo, dedicación, paciencia y precisión. Esa tarde, mientras afilaba una nueva hoja, compartió una reflexión con tono pausado.

—El acero no se fortalece evitando el fuego, Alex. Solo al enfrentarlo encuentra su verdadera forma. Pero el truco no siempre está en resistir; a veces, está en saber ceder y adaptarse.

Para Alex, estas palabras resonaron en su cerebro, ¡No se evita el fuego, el fuego es un componente del proceso, además necesario en la forja y el filo!, y muchas aleaciones de metal, no toleran el calor y se quiebran antes o durante el moldeado y el metal no se tira, solo se complementa la alianza con otro metal que le permita consolidarse. Meditó las palabras del artesano y sus pensamientos mientras contemplaba el fuego que bailaba en la forja. Comprendió que el verdadero poder no era la resistencia absoluta, sino la capacidad de adaptarse y fluir, de transformar cada golpe recibido en un paso hacia adelante. La lección se reforzó con un recuerdo de su guerrero:

—El agua no lucha contra la roca, Alex.
La rodea y, con el tiempo, encuentra su camino.
No olvides que el agua tiene memoria y finalmente recordará su camino y lo retomará si es necesario.

El mensaje de resiliencia y adaptación resonó, Carlos Daga, acompañante de Alex Espada en las etapas más complejas de su proceso interno, le hizo analizar muchas cosas que en las acciones se habían presentado y eran objeto de su comprensión del funcionamiento de la mente humana, él las definía como etapas, puntos de redefinición conceptual, de asumir consecuencias. En ese momento le recordó a Alex algo que su amiga Gloria Cuña le había explicado sobre el miedo, emoción con la que ella lidiaba y que había aprendido a sobrellevar:

—El cerebro, Alex, está diseñado para protegernos. Pero, a veces, no distingue entre un peligro real y uno imaginario. El miedo puede ser un aliado o un enemigo, dependiendo de cómo lo utilices. Tener miedo te mantiene alerta y estar alerta te hace reactivo, esto en ocasiones te hace no tener un pensamiento claro.—

Con el paso de los días, Alex comenzó a aplicar este principio. En lugar de enfrentarse al miedo con dureza, optó por aceptarlo, explorarlo y comprenderlo. Empezó a entender su función de equilibrio, que en algunos puntos dejaba en claro la necesidad de su presencia. Empezó entonces a generarse una relación armoniosa con la sensación, pero sobre todo con la emoción, atendiendo más la arista de los beneficios que genera. Si Alex tenía algo claro, era que su miedo no era del todo negativo o malo, representaba un punto de referencia que, en su caso, lo llegaban a limitar por solo ser reactivo ante su sensación de miedo. Necesitaba aplicar una nueva forma de relación y aplicar, como había leído en las enseñanzas de Séneca, "Define tus miedos, y los vencerás."

Alex y Carlos empezaron a hacer algunos ejercicios, Carlos indicó a Alex que escribiera sus miedos cuando los sintiera, que definiera el miedo que era y cómo este podría impactarle, Alex empezó a hacer el ejercicio, en un principio fueron muchas las hojas que recolectó, al tercer día las sacaba, las revisaba y las agrupaba, empezó a reconocer la frecuencia de sus miedos y como se manifestaban, empezó a reconocer algunos insomnios, dolores de cabeza, aislamientos y silencios. Escribió en una hoja de pergamino, en esta se reflejaba el resultado del primer ejercicio.

- Miedo a fallar de nuevo.
- Miedo a no ser suficiente.
- Miedo a perder el control.

Para Alex, ver sus temores plasmados en palabras le permitió quitarles mucho de su poder. Uno por uno, comenzó a desafiarlos, reemplazando la parálisis del miedo con decisiones pequeñas pero firmes. Cada acción, por mínima que fuera, se convirtió en un ejercicio de neuroplasticidad: entrenaba su mente para responder de forma diferente, transformando las cicatrices emocionales en una nueva fuerza. En un inicio el miedo era grande y hasta actuar era un acto temeroso. Con forma se fue consciente, el poder, lo las líneas de miedo, empezaron a ser más tangible, alcanzable y menos intimidante, lo que registró el momento de oportunidad.

Una mañana, tras el desayuno, después de un inicio de actividades fuertes y con mucho calor, en la sobremesa, el espadero contó una historia que había aprendido de un viejo maestro:

—Hace muchos años, un río enfrentó una montaña. Intentó atravesarla, pero no pudo. En lugar de rendirse, encontró otro camino, y con el tiempo, erosionó la roca hasta llegar al otro lado.

Alex reflexionó la historia, el río buscó su cauce en todo momento, al principio no pudo atravesarla, pero no dejó vencerse, continuó intentando, diferentes opciones para el mismo problema, al final como lo dice la frase popular "el que persevera alcanza", no todo se gana a la primera, por lo que es importante que tengamos claro que "se pueden perder las batallas, más debe buscarse ganar la guerra", por lo que, no todas las batallas requerían un enfrentamiento directo. El verdadero arte de vivir, como enseñaba Marco Aurelio, era encontrar formas de fluir alrededor de los obstáculos, transformándolos en aliados en lugar de enemigos. Sumar todo aquello que me permite crecimiento, mejora. *"Lo que se interpone en el camino se convierte en el camino".*

Con el paso del tiempo, Alex se redefinió, dejó de luchar contra su dolor y empezó a integrarlo, no ofrecer más resistencia a lo que no podría resolver y acciones sin lamentaciones para aquello que estaba al alcance de su mano, haciéndose consciente de lo que sí y lo que no. Aceptó sus heridas como parte de su historia, no como una marca de fracaso, sino como evidencia de su crecimiento. Integró el fallo y su duelo, viviéndolo como parte de su historia de vida, como parte del proceso. Su hoja, que antes consideraba quebrada, ahora brillaba con una fuerza renovada.

Había encontrado una nueva forma de existir, una nueva forma de construir la historia, no como una espada perfecta, sino como una prueba viviente de resiliencia y adaptabilidad. Dejó de vivir con el peso de lo que se espera, consciente de su vulnerabilidad. Cada día, mientras trabajaba en el taller, recordaba las palabras del espadero: —No hay fuerza más grande que la que encuentra el equilibrio entre resistencia y flexibilidad.— Esta idea rompía el paradigma preestablecido y mil veces transitado que radicaba en ser rígido y duro, este modelo le había dado una realidad, éxito, fuerza, ser punto de admiración. Pero indudablemente la misma postura había lo había llevado al fallo, al quiebre, a la tristeza extrema y a perder consciencia y control de su vida.

Esta nueva forma de presentarse, se convirtió en un eco en el taller, con fome el tiempo pasaba, la estructura se consolidaba, al final Alex Espada se reforzaba en la idea que esta nueva forma de ver las cosas le generaba mayores beneficios, había logrado ciclos donde la emoción se mantenía favorable, los miedos en control y con pocas condiciones de riesgo sobre los problemas. Su duelo por la muerte de su gladiador se había resignificado, al final, al dejarlo con el escudero, cuidaba su integridad, fue un acto de liderazgo, lealtad y respeto, así sería recordado por siempre.

La historia de Alex Espada trascendió el taller. Sus aprendizajes se convirtieron en una inspiración para otros personajes que perdían el espíritu, las ganas, el impulso, esos que perdían el sentido. En lugar de ser recordada por su caída, fue admirada por su capacidad de levantarse, por su resiliencia, por la plasticidad en la toma de decisiones con las que Alex experimentaba sus nuevas vivencias. Era más ecuánime, se sentía más fuerte y más justo, el reto no era ganar las batallas, sino insistir, resistir, trascender.

A quienes se le acercaban con la intención de conversar, coincidir y buscaban su consejo, les decía con firmeza:

—No luches contra la roca; sé cómo el agua. No busques vencer cada obstáculo; aprende de él. El verdadero poder no está en la fuerza, sino en la sabiduría de adaptarte.

Así, Alex Espada continuó su camino, como un símbolo de lo que significa dar la vuelta a los obstáculos y encontrar la grandeza en el proceso. Vivía en la línea de servir, solvente, consciente de que se requiere elasticidad en los momentos difíciles, que no hay soluciones únicas. Todo lo que es obstáculo en el camino, se hace vivencia, por lo que es sano no definirlo como molestia, obstáculo, pues generamos resistencia, mismo que al final de la historia nos pesará y nos generará complicaciones al avanzar, por eso tenerlo presente.

CAPITULO V. 12. RECUERDA: MUERES TODOS LOS DIAS

Este es nuestro gran error: pensar que
miramos hacia adelante, hacia la muerte.
La mayor parte de la muerte ya ha pasado.
Todo el tiempo que ha pasado
es propiedad de la muerte.

Séneca

El taller presentó un amanecer silencioso. La fragua, siempre repleta de ecos de metales en transformación y chisporroteo de brasas, parecía hoy un espacio de vacío y de luto, no era un silencio común y quizás por eso llamaba la atención. Elena Molde, el origen de todas las espadas medievales de la generación, la referencia, el sustento de la forma, la que había dado forma a muchas armas y utensilios. Esa mañana, en la fuerza del trabajo, se había partido, se había partido en dos pedazos, en un momento cotidiano, dentro del mismo proceso, en una parte normal de la actividad, se partió trabajando, así, como dio vida a tantas otras creaciones, un descuido, un incidente, un accidente, el tiempo.

Una fractura en su estructura la deshizo, un golpe letal para su vida. Elena Molde había cumplido con su ciclo grande de vida. Con ella, se fue uno de los pilares del taller, la base de la estructura de la forma de muchas espadas, incluyendo la de Alex Espada. El silencio era una señal de luto, dolor por la pérdida, un modo simbólico de honrarla. Carlos Daga fue el primero en darse cuenta de lo que pasó. El molde no era ya un depósito para el metal en formación. Se escuchó un fuerte quebranto, Elena tuvo un sentido quejido de dolor, el último. El espadero se quedó mirando los fragmentos rotos en sus manos, se sintió impotente. A su lado, Tomás Marro y Claudia Escudo observaban con pesar y asombro. Elena Molde era más que un molde; era la matriz de muchas piezas, un símbolo de fuerza, solidez, prestigio, fuerza, de tradición, de lo que se esperaba de cada espada y cuchillo que pasara por su forma. Sus contornos curvos no solo representaban una estructura; representaban una historia, una guía, un ejemplo.

Para Alex Espada, quien había sido moldeada a través de la estructura de Elena, aquella pérdida era un recordatorio de su origen. Alex, como tantas otras espadas, había pasado por el proceso de moldeado, de ser una simple pieza de acero hasta convertirse en una espada medieval, afilada y lista para el combate. La partida de Elena Molde resonaba como una despedida de su propia esencia, de su origen. Sabía que, como todas las demás espadas, llevaba algo de Elena en sí misma: su estructura, su dureza, la fortaleza que solo el acero moldeado por fuego y repetidos golpes podía tener.

El artesano, dolido y reflexivo, se dirigió a sus aprendices y compañeros de forja. En su mente, las enseñanzas de Séneca parecían cobrar vida en un momento sensible y doloroso para todos.

"La muerte no es un evento futuro. Es un proceso. Nos está sucediendo ahora mismo. Cada día morimos un poco. Y el tiempo que pasa, ese segundo que jamás recuperaremos, es un trozo de nuestra vida que pertenece ya a la muerte".

Carlos Daga, sintió el contenido de esas palabras, las vivió con mucho dolor, penetraron en lo más profundo de su ser, sentía la pérdida de Elena Molde, era un dolor indescriptible, no podía dejar de sentir. Al mirar los restos inertes de Elena, comprendió que su propia mortalidad también era parte del tiempo. Que al morir, Elena Molde moría de a pocos. Que el tiempo dejaba a la historia como fiel remanente de su paso en cada segundo, era un camino donde imposible el retorno. Con la partida de Elena, se removía un cúmulo de recuerdos para cada uno de ellos, su muerte representaba un llamado a vivir intensamente, a no dejar pendientes, a valorar cada instante que vivía, dejar lo menos posible para el día siguiente, pues eso representaba en sí un incierto, el cual no era necesario postergarlo, vivir la vida en un rotundo y contundente hoy.

A partir de ese momento, los días serían diferentes. Sin Elena, el taller se llenó de un silencio respetuoso y solemne. Por los siguientes días, nadie habló en voz alta, cada uno asumió el trabajo con una dedicación renovada, entendiendo que el tiempo era un recurso limitado, que cada instante debía ser vivido y aprovechado, porque cada segundo era una despedida tácita. Esas horas, Elena Molde estuvo presente en la jornada de trabajo, esta no dejó de ser ardua y ruda, lo mismo que con ella en actividad. Representaba honrar su muerte en vida, con trabajo, esfuerzo, compromiso, profesionalismo, como ella lo había inculcado en todos los presentes, como una forma de vivir, en el espacio donde ella había promovido con el ejemplo el trabajo.

El espadero estaba melancólico esa tarde, y tras terminar la actividad del día, teniendo tendida a su lado a Elena Molde, presente, decidió compartir con todos la historia detrás del acero de Damasco, material con el que Elena había moldeado, de quién había aprendido parte importante de lo que era y había aprendido a transformar en el moldeado de las piezas. Explicó cómo este acero único se formaba a partir de la repetición: el metal era calentado una y otra vez, doblado sobre sí mismo hasta alcanzar cientos de capas, absorbiendo el carbono de las brasas y eliminando así las impurezas. Era ese proceso de purificación lo que hacía al acero de Damasco tan duradero y menos propenso a quebrarse o doblarse en combate.

—El acero es fuerte porque enfrenta el calor, el golpe, el doblado constante —dijo el espadero, mientras observaba los fragmentos de Elena Molde—. Nosotros, como este acero, debemos pasar por nuestros propios fuegos y fraguas. Debemos entender que cada golpe, cada pérdida, cada despedida, nos da forma y nos endurece. Pero no debemos temer las fracturas. Como Elena, cada uno de nosotros, en algún momento, también habrá de partir—.

Antes que reinicie la BATALLA,
La historia de una profunda lucha de reconstrucción interior

Para Alex Espada, era un momento de tristeza. Sus pensamientos empezaron a volar nuevamente, se hicieron negativos y se polarizaron al grado de llevar a Alex hasta una tristeza muy profunda. El acontecimiento la hizo recordar que, pese a todo su temple y afilada hoja, la vida era finita. Su guerrero ya no estaba, y ahora, Elena Molde, quien le dio forma y silueta, también había partido. La mortalidad, algo que siempre había visto como lejano e incluso ajeno, pues él se sentía intocable, inmortal. Ahora, en un momento no esperado, se presentaba frente a ella como una realidad ineludible, directa, clara. Elena Molde era un referente de todos en muchas cosas, hoy, con su partida, dejaría un espacio emocional difícil de llenar.

Los días siguientes, el taller entero se dedicó a un acto de reflexión. Carlos Daga pidió a todos los presentes que guardaran cinco minutos en silencio para meditar sobre la mortalidad. Les recordó que la muerte, como decía Marco Aurelio, no debía ser vista como un evento futuro lejano, sino como algo que los acompañaba en cada paso, en cada segundo que pasaba.

> "Recuerden", dijo Carlos con una voz solemne, "la muerte está aquí y ahora". No solo es el fin de la vida, sino el pasar de cada momento que nunca volverá. Todo lo que hagamos hoy debe tener el peso de esa verdad"".

> Memento Mori —recordar que morirás— no era una idea trágica, sino una invitación a vivir plenamente.

Para Alex Espada, aquel ejercicio fue revelador. Empezó a entender que honrar a los que se habían ido, como su guerrero y ahora Elena, significaba no solo recordarlos, sino vivir de una manera que honrara lo que ellos habían dejado en su vida, sus ejemplos, enseñanzas, principios y valores. No se trataba solo de lamentar las pérdidas, sino de llevar en su esencia las enseñanzas de cada uno, permitir que sus ausencias llenaran su existencia de sentido. Darse a una forma activa de recordar a que se adelantaron en el camino, honrarlos con acciones, con enseñanza, con hechos.

A partir de aquel día, Alex se propuso vivir con la consciencia de que la vida era un proceso en constante transformación. Como el acero de Damasco, debía enfrentar el calor, los golpes y las fracturas, sin evitar los momentos difíciles, entendiéndolos cómo parte del proceso de transformación. Recordó lo que le dijo el espadero sobre el poder de los estoicos para convertir los obstáculos en combustible, para transformar cada golpe en un avance. El tiempo que le quedaba en el taller debía ser una lección de vida constante. Nada debía ser postergado, ni vivido con temor. Aunque tener miedo era inevitable.

Esa noche, al cerrar el taller, Alex Espada se sentó en silencio junto a los restos de Elena Molde. Sintió un respeto profundo por lo que aquel molde había significado, no solo en su vida, sino en la vida de todas las espadas que habían pasado por sus contornos. Comprendió que, así como Elena había moldeado su forma, ella misma debía tomar las riendas de su vida y decidir quién quería ser. La muerte de Elena Molde no era solo una pérdida; era una invitación a vivir, a dar sentido a cada instante y a recordar que el tiempo era un recurso limitado.

> "El pasado ya es de la muerte, pero el presente es mío", pensó Alex con convicción.

A la mañana siguiente, el taller amaneció con un aire diferente. Alex, junto con sus compañeros, se dispuso a trabajar con una dedicación renovada, sabiendo que cada esfuerzo, cada fragmento de metal que moldeaban, era un homenaje a la vida y a las enseñanzas de aquellos que se habían ido. Alex Espada tomó su lugar en el taller, consciente de que la fragilidad de la existencia no era una razón para temer, sino para vivir con intensidad, con propósito.

> Recordó las palabras de Marco Aurelio: "Deja que el pensamiento de tu mortalidad determine todo lo que haces, dices y piensas". Así, cada día de trabajo se convirtió en un ritual, en un acto de respeto y memoria.

Antes que reinicie la BATALLA,
La historia de una profunda lucha de reconstrucción interior

La partida de Elena Molde le había enseñado algo invaluable: la vida no se mide en duración, sino en profundidad. Y Alex estaba decidida a que, en el tiempo que le quedaba, sería forjada y moldeada por cada experiencia, enfrentando los golpes, los fuegos y los desafíos, como el acero de Damasco, para convertirse en algo fuerte, duradero y lleno de propósito. La mortalidad había tocado la puerta del taller, y con ella, había llegado una enseñanza que quedaría grabada para siempre en la historia de cada espada y en cada rincón del taller: vivir era el acto más noble y digno de todos.

CAPITULO VI. EL MUNDO ES UN PUENTE ANGOSTO, LO IMPORTANTE ES NO TENER MIEDO

Lo más difícil de aprender en la vida es,
que el puente hay que cruzar y
que puente hay que quemar.

Bertrand Russell

El aire estaba denso aquella mañana en el taller. Las herramientas y las piezas de metal parecían más pesadas, como si el ambiente estuviera impregnado de un presagio oscuro. Alex Espada sentía una opresión en el pecho, la cual no tenía explicación, pero tenía presencia, una sombra invisible que envolvía su mente y alimentaba sus sesiones. El miedo, ese que para Alex era tan familiar, la había atrapado de nuevo. Le invadió el miedo, sabía que podría caer nuevamente en depresión. Aquel pensamiento persistente de no ser lo que se esperaba, de no ser suficiente, de fallar, de desmoronarse como el metal quebradizo que era consciente de que era, la expectativa se cernía sobre ella.

En su camino, sentía que cada paso era incierto, como si la vida fuera un puente angosto, donde una sola falla la llevaría a caer en el abismo. Era una sensación compleja y contradictoria; la conocía, y sabía que era solo su mente construyendo un miedo que, aunque era profundo, también era una ilusión. Sin embargo, el temor permanecía y se acrecentaba, creciendo la incertidumbre a la par, esto se generaba cada vez que Alex permitía que sus pensamientos se sumergieran en él. Fue entonces que recordó las palabras de Carlos Daga, cuando alguna vez la encontró perdida en sus pensamientos. "Este mundo es un puente angosto, Alex, y lo importante es no tener miedo."

La frase parecía una advertencia y un consejo a la vez. ¿Cómo podía no temer? ¿Cómo ignorar el riesgo de fallar, de equivocarse, de no ser suficiente? Alex recordaba la sabiduría de Carlos al mencionarle la historia de Nachman de Breslov, aquel sabio rabino que decía que el mundo entero es un puente angosto, y lo importante es no tener miedo. Al principio, esta enseñanza parecía demasiado abstracta, pero poco a poco se había convertido en un mantra para Alex Espada. Carlos Daga le explicó que esta frase había sido repetida en tiempos de guerra, cuando el miedo amenazaba con paralizar a los soldados y desviarlos de su camino. Decidió, entonces, tomar aquellas palabras como su escudo y susurra mentalmente cada vez que el miedo la invadía: "El mundo entero es un puente angosto, y lo importante es no ser presa del miedo."

Mientras el pensamiento de fragilidad de la vida y su propia falibilidad se apoderaba de su mente, Alex se dio cuenta de que, en realidad, su temor no se trataba del riesgo de caer, sino de la posibilidad de decepcionar, de no alcanzar la imagen ideal que otros tenían de ella. Era como si viviera todo el tiempo en una cuerda floja, tratando de equilibrar cada paso para mantener una perfección inalcanzable. Esto le angustiaba continuamente, más el principal enemigo era su propio pensamiento. Este planteaba continuamente la falta de un factor, de un valor, plasmando en la idea de pensamiento final un "no es suficiente"

Con cada golpe de martillo que había recibido sobre su metal, Alex Espada lo percibía ahora de diferente forma: la verdadera batalla no estaba en el peligro de caer o equivocarse, sino en el valor de enfrentar la incertidumbre sin dejarse consumir por el pensamiento y el miedo. Recordó a los antiguos estoicos, a aquellos sabios que enseñaban que el miedo no era más que una interpretación de la mente, una percepción errónea que distorsionaba la realidad, si bien es cierto partía de la realidad, el cerebro a través del pensamiento amplificaba el riesgo y loso miedo haciéndolos en la mayoría sin solvencia. La vida no era el peligro constante de caer en el vacío; era, más bien, una serie de elecciones para avanzar sin ser dominada por el temor.

Séneca, el gran filósofo, planteó que el mayor obstáculo para vivir plenamente es la expectativa del mañana, la idea de lo que podría pasar, alimentado desde el pensamiento y con poco sustento. Este pensamiento recurrente nos hace olvidar el valor del hoy, el regalo de vida llamado presente. Reflexionando sobre esto, Alex sintió que quizás había permitido que el miedo al futuro consumiera su presente. Decidió, entonces, enfrentarse a ese miedo, no para eliminarlo, sino para aceptarlo como un acompañante en su trayecto, un susurro que no tenía el poder de gobernarla. Era importante en primera instancia entender que su función era la de prevención, lo que no era sano permitir era que estos pensamientos coparan las ideas, la realidad e inutilizaran el actuar

Aquella noche, mientras repasaba mentalmente las enseñanzas de los estoicos y el significado del puente angosto, Alex se dio cuenta de que, no existe un solo puente universal, que todos cruzaban su propio puente, y que cada uno llevaba consigo sus propias inseguridades, miedos y luchas. Comprendió que no estaba sola en esta travesía, que, al igual que ella, los demás también temían caer, también se sentían frágiles y falibles. Que cada uno sustentaba sus propias fragilidades, propias de sus historias, de sus carencias, y detonaban jueces propios, con miedos individuales, mismos patrones, con esquemas particularizados y miedos personales. Que cada individuo es un guerrero y cada uno libra sus propias batallas.

La enseñanza de Cato, quien mantenía estrictos estándares para sí mismo, pero perdonaba las fallas de los demás, resonaba en su mente. Alex entendió que ser dura consigo misma no significaba ser insensible a las luchas de los otros. Aprendió a observar sin juzgar, a entender que cada persona tenía su propia manera de cruzar su puente, y que, en su propio trayecto, cada paso que daba era un triunfo sobre sus pensamientos oscuros. En ocasiones los pasos se presentaban con intensos miedos, por lo que el reconocimiento no estaba en dar el paso, sino en la capacidad de aún con la sensación que provoca el miedo, tomar las decisiones y actuar.

En una de esas noches de profunda introspección, Carlos Daga le enseñó a Alex Espada una canción que había aprendido en tiempos de guerra. La llamó Kol ha'olam kulo, un canto antiguo que resonaba como un eco de valentía en momentos de desesperanza. Carlos le explicó que este canto había sido transmitido en generaciones, un recordatorio de que la vida está llena de incertidumbres, pero también de una fuerza interna capaz de superar cualquier abismo. Alex escuchó las palabras en hebreo y sintió cómo cada sílaba parecía envolver sus pensamientos oscuros en una bruma de paz. "Kol ha'olam kulo gesher tzar me'od, ve'ha'ikar lo lefached klal." Carlos le tradujo la frase: "El mundo entero es un puente angosto, y lo importante es sobreponerse al miedo."

En corto tiempo, la frase dejó de ser un simple consejo y se convirtió en un anclaje de sustento de vida. Alex decidió hacer de aquellas palabras su propio escudo, un escudo que la protegería en cada paso, en cada instante de duda, en cada pensamiento que intentara desmoronar su seguridad. Comprendió que el mundo no cambiaría, que el camino seguiría siendo incierto y peligroso, pero que ella podía cambiar su forma de caminarlo, de enfrentar los desafíos. Que las etapas le darían experiencias y que los aprendizajes de vida serían más complejos que los anteriores. Las experiencias se constituían en los grandes maestros y, como desarrollamos la capacidad de sobreponerse ante ellos, buscamos en todo momento múltiples formas y medios para lograrlo.

Con cada día que pasaba, Alex Espada sentía cómo su perspectiva cambiaba, su forma de ver el mundo a partir de las experiencias vividas en los últimos tiempos, había aprendido a ver las cosas desde más aristas, desde otros ojos, con mayor flexibilidad. El puente angosto dejaba de parecer un abismo amenazante, y comenzaba a verlo como una oportunidad para aprender. Entiende que cada persona tenía su propio puente, dio más certeza, pero sobre todo, el saber que cada uno vive con sus propias limitaciones, miedo y angustias individuales le permitió parar el pensamiento catastrófico, mismo que empezaba a tomar vuelo. Los errores ya no eran fracasos, sino lecciones que le enseñaban cómo caminar con mayor firmeza, con mayor seguridad. Aceptaba que el miedo siempre estaría ahí, pero ahora entendía que este temor era solo una alerta, pequeña como necesaria, una parte de una vida rica en experiencias, en crecimiento y en aprendizaje.

En uno de sus momentos de reflexión, el espadero le recordó la historia de Marco Aurelio durante la plaga, cuando el emperador se enfrentó a uno de los mayores desastres de su tiempo sin mostrar temor, sin abandonar a su pueblo. Para Marco Aurelio, la valentía no era la ausencia de miedo, sino la capacidad de seguir adelante, de mantener la calma y el propósito en medio de la tormenta. Así, Alex Espada decidió que quería vivir con esa misma determinación. Sabía que, como Marco Aurelio, no podría controlar las circunstancias externas, pero sí podía elegir cómo, recibirlas, vivirlas y responder a ellas. Cada paso en el puente angosto sería una elección de valentía, una oportunidad para demostrar que, aunque el miedo existiera, no tendría el poder de detenerla.

En el silencio de la noche, Alex comenzó a entender el valor de Memento Mori, aquel recordatorio de los estoicos sobre la mortalidad. La fragilidad de la vida no era un motivo de tristeza, sino una razón para vivir plenamente, para dar cada paso en el puente como si fuera el último, sin miedo, sin arrepentimientos. Entender la vida como un proceso, un cúmulo de vivencias que detonan experiencia y nos presenta posiciones de para ver la vida, continuamente se contrasta, la forma como aprendí a ver el mundo contra lo que aprendo de la experiencia actualizada de vida. Alex empezaba a comprender que el verdadero propósito no era alcanzar una meta final, sino caminar cada día con integridad, con valentía, y con la conciencia de que cada instante era una oportunidad irrepetible, única, específica.

Cada golpe de martillo, cada chispazo de la forja, se convertía en un recordatorio de su origen, del miedo experimentado cuando recién daba paso a la vida de guerrera, con la lógica si sería seleccionada, si su metal tendría la suficiente dureza y fuerza, si su peso lograría agradar a un guerrero, desarrollar su propia capacidad para transformar el miedo en fortaleza, para avanzar a pesar de la incertidumbre. Alex encontró en esa fragilidad una razón para ser agradecida, para honrar cada momento y cada lección que el puente angosto le ofrecía. Ser frágil y tener un fallo ya no era un miedo, ya lo había experimentado y sabía que se podía salir; de los pensamientos catastróficos, no estaba exenta, pero buscaría mejores propuestas y espacios que permitieran mejores resultados.

En las frías mañanas de invierno, cuando la niebla cubría el taller y el mundo parecía reducirse a un susurro, Alex Espada miraba el horizonte y repetía para sí misma: "El mundo es un puente angosto, y lo importante no está en tener miedo o no, el miedo es inevitable." Cada día era una oportunidad para enfrentar sus dudas, para avanzar con la certeza de que el miedo no definía su destino, desde ahora para Alex, el error dejaba de ser el enemigo, así como el miedo un obstáculo, las variables se presentaban como una importante oportunidad, el eje de desarrollo y crecimiento era su propio espíritu, su elección era caminar con valor.

El verdadero desafío de cruzar el puente angosto no era evitar el miedo, sino aprender a caminar junto a él, asociarlo, hacerlo cómplice, entender que la vida misma es incierta y que cada paso es una decisión de valentía. Alex Espada, en el trayecto de su vida, había aprendido a confiar en sí misma, a ver el mundo como un camino de desarrollo, de crecimiento, de experiencias y de lecciones que la harían más fuerte con cada paso. Dejando en claro por sobre todas las cosas que la vida era un proceso de construcción donde la vivencia se presentaba como el continuo.

—El mundo entero es un puente angosto —se repetía Alex Espada, y lo importante es transitarlo más allá del miedo.

CAPITULO VII. TU PODER RADICA EN MI MIEDO

Tu poder radica en mi miedo;
ya no tengo miedo,
tú ya no tienes poder.

Séneca le dijo a Nerón

Era una noche de invierno, de esas en que el viento sopla fuerte, sacudiendo árboles y arrastrando consigo todo lo que no tiene raíces profundas. Alex Espada estaba despierta, intranquila, sentada frente al fuego en el taller, observando las brasas que resplandecían y se apagaban, era como el reflejo de sus propios pensamientos. Sentía una inquietud que no era fácil de definir, una alerta indefinida, una expectativa de la nada, una sombra de miedo que había aprendido a reconocer, pero que, sin embargo, se resistía a desvanecerse. Esto generaba en Alex una sensación de intranquilidad, la que, aunada con la noche de invierno, con el viento sacudiendo los árboles, generaba un miedo escalofriante.

Mientras la noche avanzaba, recordó un fragmento de la filosofía estoica, una historia sobre Séneca y su confrontación final con Nerón. La sentencia de Séneca antes de morir resonaba en su mente: "Tu poder radica en mi miedo; ya no tengo miedo, tú ya no tienes poder." Estas palabras, pronunciadas en el último acto de una vida marcada por la sumisión al poder, tenían una fuerza particular en ese momento. Somos lo que generamos el poder que nos lesiona o lástima, somos lo que les damos la fuerza a nuestros pensamientos, los que generamos los pensamientos más difíciles de controlar. Alex comprendía el significado detrás de ellas, pero ¿cómo aplicar esta verdad tan antigua en su vida?

Carlos Daga y el artesano llegaron al taller con Alex, aparecieron en el umbral, un poco atraídos por el resplandor del fuego. Observaron a Alex en silencio durante un momento y, como si leyera sus pensamientos, Carlos le dijo respecto a la idea:

—El miedo y el poder han caminado de la mano durante siglos. El poder de unos pocos siempre ha descansado en el miedo de muchos.—

Alex levantó la mirada, escuchando atentamente. Sabía que Carlos había vivido muchas cosas en su tiempo, que había visto el miedo en sus múltiples formas y había aprendido a convivir con él sin someterse. Fue claro que Carlos y el espadero querían apoyarlo, respaldarlo, hacerlo sentir mejor, en el entendido que el miedo es una emoción normal, que impacta en ti, tanto como lo permitas.

—Es curioso, ¿no? —continuó Carlos, arrojando una pequeña rama al fuego. Los poderosos viven con más miedo que aquellos a los que dominan. Tienen miedo de perder lo que poseen, de la traición, del momento en que alguien descubra sus debilidades.—

Alex asintió. Recordaba que desde pequeña, había sentido el peso del miedo sin reconocerlo como tal, esa sensación que parecía deslizarse como una sombra entre los pensamientos, llenándolos de dudas y bloqueos. Sabía que el miedo tenía muchas caras: el miedo a fallar, el miedo al rechazo, el miedo al futuro. Ya estaban identificados y en estos tiempos empezaban a ser parte del proceso de trabajo emocional. Y, sin embargo, esa noche, sentía una extraña certeza de que el poder que ese miedo ejercía sobre ella podía disolverse, si encontraba el modo correcto de enfrentarlo. Carlos continuó, mirando el fuego como si en sus llamas viera algo más allá de lo visible.

—El miedo puede ser una trampa, Alex, una trampa que, si no se enfrenta, te puede encerrar para siempre. Los estoicos decían que las opiniones que tenemos sobre las cosas son las que realmente nos perturban, no las cosas en sí mismas. Si el miedo te bloquea, es porque le has dado el poder de hacerlo.—

Alex meditó sobre esto. Recordó momentos en que el miedo la había paralizado, cuando había dudado de sí misma y de su capacidad para enfrentar sus propias dificultades. Entendió que, aunque no siempre era fácil, existía una manera de mirar el miedo a la cara y despojarlo de su poder. No se trataba de eliminar el miedo, sino de aprender a no dejarse dominar por él.

—Es cierto —dijo Alex, asintiendo lentamente—. El miedo tiene una fuerza enorme, pero solo porque se la damos. Si logramos enfrentarlo, si dejamos de temerle, entonces pierde su control sobre nosotros.—

Carlos sonrió, satisfecho de ver cómo Alex comenzaba a asimilar una verdad profunda y liberadora. Definir los miedos como componentes del proceso de la vida. Y entender la trascendencia de que, las cosas que me impactan son tan fuertes como yo lo permita, como lo defina, como lo entienda y como lo viva. A lo largo de las siguientes semanas, Alex comenzó a practicar el estoicismo de una manera aún más consciente. Cada vez que una situación amenazaba con despertar el miedo en ella, se detenía a observar sus propios pensamientos. En lugar de huir o dejarse arrastrar por la sensación de angustia, cuestionaba esas reacciones automáticas, despojando al miedo de su disfraz de verdad absoluta.

Había ocasiones en que el proceso no era fácil. Los recuerdos dolorosos y las inseguridades intentaban tomar el control, especialmente en los momentos de soledad. Sin embargo, cada vez que lograba ver más allá del miedo, sentía una liberación profunda, una fuerza que nacía de su interior y que le recordaba su propio poder. Se dio cuenta de que no era necesario ser invulnerable para ser fuerte. La vulnerabilidad no era una debilidad, sino un aspecto de la experiencia humana. Al enfrentar sus miedos, Alex entendió que el verdadero poder residía en la capacidad de ver esos miedos y avanzar a pesar de ellos.

Carlos le habló un día sobre el papel del miedo en la historia y en la sociedad. Le explicó que los sistemas de poder siempre han utilizado el miedo para controlar a las masas. "Es la manera en que se construyen imperios y se subyugan pueblos," le dijo, con un tono grave. "La historia está llena de ejemplos: ejércitos, guerras, castigos, impuestos. Todos son formas de infundir miedo, de mantener el control."

—Pero, ¿qué pasa cuando el miedo se desvanece? —preguntó Alex, intrigada.
—Entonces el poder se tambalea —respondió Carlos—. Cuando las personas dejan de temer, el poder pierde su base, y es en ese momento que surge la verdadera libertad. Es como una espada que ya no puede cortar porque ha perdido su filo.

Una noche, mientras caminaba sola por el taller, Alex reflexionó sobre cómo el miedo la había retenido en ciertos aspectos de su vida. Pensó en todas las veces que había dudado de sí misma, que había evitado tomar decisiones importantes, que había temido las opiniones de los demás. Se dio cuenta de que, al dejarse dominar por el miedo, había renunciado a una parte de su propia libertad y poder. Determinada a liberarse, Alex decidió enfrentar cada uno de sus miedos, uno a uno. Empezó con los temores más pequeños, aquellos que parecían insignificantes, pero que, en el fondo, representaban una traba en su vida. Poco a poco, como el agua que erosiona la roca, su determinación fue despojando al miedo de su poder.

Al enfrentar estos miedos, Alex experimentó una sensación de empoderamiento. Era como si una carga invisible hubiera sido retirada de sus hombros, permitiéndole moverse con mayor libertad y confianza. Sabía que no todos sus miedos desaparecerían de inmediato, pero ya no tenía la intención de permitir que definieran sus decisiones ni que limitaran su vida. Con el tiempo, Alex comprendió que el miedo era, en última instancia, una ilusión. No porque no existiera, sino porque su poder sobre ella dependía únicamente de su disposición a enfrentarlo o a someterse. Al igual que Séneca, Alex encontró su libertad al dejar de temer. Sin miedo, el poder de sus temores desaparecía, dejando solo la posibilidad de elegir su propio camino, sin las cadenas invisibles que la habían retenido.

En sus momentos de reflexión, recordaba la frase de Naguib Mahfuz: "El miedo no evita la muerte; el miedo evita la vida." La verdad de esas palabras resonaba en su interior con una claridad que nunca había experimentado. Se dio cuenta de que cada vez que cedía ante el miedo, renunciaba a una parte de su propia vida, de su capacidad de experimentar plenamente y de su potencial para crecer. Alex decidió que, a partir de ese momento, viviría sin miedo. Sabía que no era una promesa fácil de cumplir, pero estaba dispuesta a recordar cada día que el miedo no era una barrera insuperable, sino una oportunidad para demostrar su fortaleza.

La transformación de Alex no pasó desapercibida en el taller. Sus compañeros notaron un cambio en su actitud, una serenidad y confianza que irradiaban desde su interior. Cuando enfrentaban desafíos o situaciones inciertas, Alex era la primera en mantenerse firme, en recordarles que el miedo solo tenía poder si ellos se lo concedían. Carlos, observando su crecimiento, la felicitó por su fortaleza. Sabía que el proceso de enfrentar el miedo no era sencillo, pero estaba orgulloso de ver cómo Alex había abrazado la filosofía estoica, convirtiéndose en un ejemplo para quienes la rodeaban.

Con el paso del tiempo, Alex se dio cuenta de que vivir sin miedo no significaba carecer de precauciones o ser insensible al peligro. Significaba, más bien, reconocer el miedo, comprender su origen y decidir conscientemente que no permitiría que ese miedo definiera su vida. Aprendió que el valor de vivir sin miedo radicaba en la libertad de ser ella misma, de tomar decisiones desde la sabiduría y no desde el temor. Enfrentar el miedo le había dado una claridad y un propósito que antes no había experimentado.

Para Alex, vivir sin miedo era una promesa de libertad, una afirmación de que el poder verdadero reside en la capacidad de vivir plenamente, sin renunciar a los propios sueños ni a la posibilidad de crecer. Y cada vez que recordaba las palabras de Séneca, "Tu poder radica en mi miedo; ya no tengo miedo, tú ya no tienes poder," sabía que había encontrado una fuerza indestructible en su interior, una fortaleza que la acompañaría en cada paso de su camino. Enfrentar el miedo había dejado de ser una lucha; se había convertido en una forma de vivir, una forma de ser libre.

CAPITULO VIII. CUANDO EL SISTEMA SE DERRUMBA, LOS LÍDERES SE LEVANTAN

Un buen líder levanta a otros líderes.

Pablo Johnson

El amanecer trajo un silencio inquietante sobre las tierras del imperio. La peste, un enemigo invisible, había comenzado a propagarse sin piedad. Desde el corazón de la ciudad hasta las aldeas más remotas, el rumor de su avance se esparció como fuego en arbustos secos. Los rostros de los ciudadanos reflejaban miedo y confusión, y cada susurro de muerte que se filtraba por los muros reforzaba esa sensación de impotencia. Evidentemente, no se estaba preparado para lo que representaba una peste. La ignorancia, el miedo y la angustia por lo que podría pasar invadían la aldea, los pueblos cercanos, esto sin dejar a un lado, el taller y estos que compartían en el espacio sus vivencias. Cuando se vivía una crisis dentro, esta información llegó a orientar y a generar prioridad en los problemas presentes.

Alex Espada sentía la incertidumbre en lo más profundo de su hoja, un acero afilado y preparado para la batalla, pero inútil ante este nuevo enemigo, invisible y devastador. ¿Cómo combatir algo que no se podía ver, tocar, ni sentir?, ¿Cómo impactar en un enemigo que no tenía cuerpo, ni forma? La fortaleza física y la preparación bélica de Alex parecían en ese momento insuficientes al grado de lo insignificante. Sin embargo, sabía que tenía que enfrentar este reto de algún modo, aunque no supiera cómo o si sería suficiente. Esta batalla era similar a la recientemente vivida, sin ser aún resuelta, su propia depresión. Tan invisible, tan incontrolable, pero en este caso, que podría afectar a todo el pueblo.

Antes que reinicie la BATALLA,
La historia de una profunda lucha de reconstrucción interior

Durante una noche especialmente oscura, Alex Espada compartió sus inquietudes con sus compañeros en el taller. Carlos Daga, el espadero, Tomás Marro y Claudia Escudo admitieron también sus temores. Sentían la misma incertidumbre y miedo que Alex. La diferencia, comprendió Alex, estaba en la actitud, el problema no dejaba de ser problema por tener miedo, por lo que había que enfrentarlo y tomar decisiones consensuadas. A pesar del temor, todos estaban dispuestos a mantenerse unidos y ver de qué forma podían contribuir en medio de la crisis. Habían decidido estar juntos. La primera regla para enfrentar la peste sería mantener la calma, observar, escuchar y sentir el ambiente con atención y en la toma de decisiones: coincidir y ponerse en todo momento de acuerdo. La unión sería su escudo más fuerte para todos en momentos tan difíciles.

El rumor de la peste avanzaba, generaba un rumor que aceleraba el pensamiento catastrófico, surgían las ideas de desastre, sin compasión, la idea en el miedo empezaba a devastar pueblos, familias y sueños enteros. Empezó a notarse la ausencia de personas en las calles por temor a ser contagiados, se sabía poco de la enfermedad, pero las ideas de tragedia se esparcían como la humedad y carcomían las entrañas del pueblo. La economía comenzó a tambalearse, las salidas a batallas se suspendieron, las festividades fueron canceladas, y lo que antes parecía sólido, ahora se desmoronaba frente a sus ojos. Pero, como sucede en los momentos más oscuros de la historia, cuando el sistema se derrumba, los líderes verdaderos emergen para sostener lo que queda en pie.

En tiempos como estos, Alex Espada trajo a colación las palabras de Marco Aurelio, el emperador estoico. Había leído sobre sus enseñanzas en los libros que Carlos Daga guardaba en su rincón, trajo el pensamiento: "Todo esto ya ha ocurrido antes", había escrito en sus Meditaciones. "Es solo que las personas y las fechas cambian, pero los hechos se repiten." Los errores son los mismos, al igual que los miedos, los dolores, y también la grandeza que surge de superarlos."" Si bien es cierto, esta peste era nueva, desconocida y estaba generando estragos, ya había referentes de epidemias en los pueblos, por lo que era importante tomar en cuenta las variables conocidas, empezar por ahí, decisiones a partir del conocimiento referente, sin tomar decisiones sin orden, de impulso, o sin antes ser revisadas.

Alex Espada recordó cómo Marco Aurelio había enfrentado una situación similar durante la plaga de Antonino. Aquel emperador estoico no huyó ni delegó su responsabilidad; se quedó y asumió el desafío con humildad y sabiduría. Mientras el caos crecía a su alrededor, él se mantuvo firme, convirtiéndose en un ejemplo de resistencia. No porque no sintiera miedo, sino porque supo actuar con valentía a pesar de él. La verdadera fortaleza para Alex, no estaba en evitar el miedo, sino en enfrentarlo con dignidad. Alex le pidió al espadero que representara al taller, le pidió que difundiera entre los sabios que era necesaria cuidar el agua, si alguien enfermaba, separarlo de los sanos y cuidar mucho la higiene y la forma de preparar los alimentos como medida inicial.

El espadero era una persona de influencia, él tenía contacto con algunos de los sabios de la época, pues ellos usaban herramientas, utensilios y algunas armas con base metal, y era el artesano el que resolvía estos problemas, él era el más prestigiado de la comarca y tenía su nivel de influencia. Siguiendo la indicación de Alex, habló con 2 de los sabios a su mano y comentó las indicaciones. Los dos escucharon con atención al espadero y empezaron a difundir en la comarca la información. Cuidar a los niños y a los ancianos, fortalecer la limpieza en la elaboración de alimentos, higiene personal y, si alguien era contagiado, ser separado inmediatamente, observando a aquellos con los que convivía, cuidando que la peste no se expandiera de forma tan rápida.

A medida que la peste se extendía y las ciudades caían en desolación, Alex se dio cuenta de algo fundamental: ser una espada poderosa ya no era suficiente. La fortaleza física carecía de sentido frente a este enemigo invisible. Lo que necesitaba era una valentía diferente, una que no solo le permitiera enfrentar los combates físicos, sino también la tristeza, el miedo y la incertidumbre que pesaban en el ambiente. Las palabras de Marco Aurelio resonaron en su mente: "Podemos sobrevivir solo si aceptamos lo que no podemos cambiar." El eco de los sabios tendría que generar resultados, aunque evidentemente el rumor mandaba en lo colectivo malos presagios, situaciones complejas de manejar en la distancia, más era necesario llevarlo a la práctica en el taller.

Para Alex Espada, esa frase se convirtió en una guía. Comenzó a fortalecerse por dentro, sabiendo que su verdadera arma no era su acero, sino su actitud, su capacidad de decidir cómo responder a cada nuevo desafío. Comprendió que no podía controlar la peste, pero sí podía controlar cómo enfrentaría sus efectos, cómo sostendría su dignidad en medio de la adversidad. Mantener un ambiente relacional sano era importante, Alex trabajó fuertemente en fomentar la comunicación en el taller, todos tenían miedo, más era importante controlar los accesos al taller y mantenerse juntos y mantenerse sanos. Había que cuidar, tener los insumos necesarios para los tiempos de peste, de quietud, con muy limitada actividad.

Así como el acero de Alex había sido templado en el fuego y el martillo, su carácter ahora necesitaba ser moldeado por el calor de las crisis de sus vivencias, está una más de ellas. Se prometió a sí misma ser un ejemplo para los demás, ser una fuente de fortaleza y apoyo en momentos de debilidad. Desde esta perspectiva, Alex recordó las palabras de Séneca, quien decía que "no debemos vivir asustados de lo que está por venir, sino preparados para enfrentar lo inevitable con dignidad." No podía controlar la expansión de la peste, pero sí puso un alto a los rumores, fomentar el miedo y perder el control, entrando en pánico. Fortalecer los accesos al taller, tener los alimentos básicos y hacer dinámicas que no nos permitieran meternos en pensamientos catastróficos o caóticos.

En gran medida, el liderazgo de Marco Aurelio se basó en una acción prudente y en un compromiso genuino por el bienestar de su gente. En medio del dolor, al emperador no se permitió caer en la desesperación. En su lugar, se rodeó de consejeros sabios, escuchó con humildad y tomó decisiones difíciles con una templanza admirable. Alex entendió que, si deseaba ser un líder en estos tiempos de caos, debía también rodearse de aquellos que compartían su visión, trabajar en equipo y enfrentar el miedo juntos. Era claro que no quería ser el líder, pero sí quería que todos en el taller estuvieran bien. Ya había pasado por el dolor de la pérdida de su guerrero y no estaba lista, para que otro de su clan pereciera producto de la peste.

En las noches de silencio, cuando los rumores de que la peste se incrementaba y el mundo parecía perder toda esperanza, Alex se encontraba a solas con sus pensamientos. "Memento mori" se repetía en su mente, recordando la enseñanza estoica sobre la fugacidad de la vida. "Recuerda que morirás," decía en silencio, no como un recordatorio sombrío, sino como una llamada a vivir con propósito y profundidad. En esos momentos, era fácil dejarse vencer por la desesperanza cuando uno se enfocaba en la fragilidad de la existencia, pero los estoicos enseñaban que la mortalidad debía ser un impulso para dar significado a cada día. No se trataba de escapar de la muerte, sino de aceptarla como parte de la vida, como un recordatorio de que cada acción debía ser significativa. Comprendió que vivir temiendo al final no era realmente vivir; en cambio, debía vivir en cada momento con plena conciencia y responsabilidad.

Alex recordó otro de los principios de Marco Aurelio, uno que le enseñaba a transformar cada obstáculo en una oportunidad para crecer. "El impedimento para la acción avanza la acción; lo que se interpone en el camino se convierte en el camino," escribió alguna vez el emperador. Alex Espada vio en estas palabras un llamado a enfrentar la crisis con una mentalidad de crecimiento. Si bien la peste era un enemigo devastador, también representaba una oportunidad para encontrar nuevas formas de apoyo, para unirse con sus compañeros y mostrar compasión en un momento de necesidad. La fortaleza de Alex no estaba solo en su capacidad de combatir, sino en su habilidad para inspirar y sostener a otros en sus momentos de mayor vulnerabilidad. Entendió que su papel en esta crisis iba más allá de su hoja; debía ser un símbolo de esperanza y resistencia, una prueba de que incluso en medio del caos, el ser humano podía encontrar fuerza y propósito.

Antes que reinicie la BATALLA,
La historia de una profunda lucha de reconstrucción interior

La historia de Marco Aurelio culminaba con su propio sacrificio. Al final, el emperador se convirtió en una víctima más de la peste que había devastado su imperio, pero en sus últimos días aún tuvo la grandeza de pensar en su pueblo. "No llores por mí; piensa en los otros, en aquellos que también han sufrido," fueron sus palabras finales, un recordatorio de su profundo sentido de humanidad y empatía. Alex Espada esa noche decidió orar en colectivo en el taller por la vida del emperador, por todo lo que les había aportado, por su liderazgo, por su importancia y porque su camino a su nuevo destino fuera claro, libre de ataduras.

Alex, al recordar esa lección, comprendió que su deber como líder no era protegerse a sí misma, sino servir a los demás. En tiempos de adversidad, el verdadero liderazgo no estaba en buscar poder o gloria, eso era mezquino, no propio de un guerrero estoico, sino en actuar con humildad y dedicación hacia el bienestar común. Sabía que debía poner el bien de la comunidad por encima de sus propios intereses, que su fortaleza debía ser una herramienta para elevar a quienes la rodeaban. Hacer fuerte al pueblo en la adversidad, enseñar lo que necesitaban para poder enfrentar lo que la peste estaba dejando como aprendizaje.

La peste finalmente pasó, como todas las tormentas. El trabajo de los sabios generado por el espadero, a sugerencia de Alex, surtió efecto en el tiempo y dio los resultados esperados. Las lecciones de liderazgo y resiliencia que dejó en Alex en el taller y en sus compañeros quedaron grabadas en ellos para siempre. Entendieron que los momentos de crisis no solo probaban su fortaleza física, sino también su integridad, su humildad, su solidaridad y su compasión. Como Marco Aurelio, aprendieron a enfrentar el miedo y el dolor con una determinación inquebrantable, buscando en cada adversidad la semilla de la grandeza.

Para Alex Espada, esta prueba era solo un capítulo en su vida, pero uno que le había enseñado a ser más fuerte, más sabia y más humana. Con cada amanecer, recordaba las palabras de los estoicos y el valor de vivir con propósito. El liderazgo verdadero no estaba en las palabras, sino en las acciones, en la capacidad de enfrentar los desafíos con dignidad y empatía. Algunas mañanas posteriores a la indicación de fin de peste de las autoridades especializadas, Alex se levantaba con el miedo de que la peste podría volver a presentarse y devastar lo que quedaba del pueblo, este pensamiento no se consumó y ella pudo darse cuenta de que era el momento de enfocar su vida a otros problemas aún existentes.

CAPITULO IX. EL ROSTO DEL DOLOR Y EL VALOR DE LA TERNURA

El hombre que no conoce el dolor
no conoce ni la ternura de la humanidad
ni la dulzura de la conmiseración.

Rousseau

Alex Espada, una guerrera formada en la fragua del acero y la adversidad, se encontró en el taller un día de nubes bajas y oscuras. La niebla envolvía las paredes de piedra, y el frío parecía un recordatorio de que en el mundo existían fuerzas capaces de romper incluso la más resistente de las espadas. No era el acero el que ahora la desafiaba, sino un oponente intangible, una sensación de vacío profundo que comenzaba a extenderse en su interior. Era el dolor, no el dolor físico de una batalla perdida o de una herida en el combate, sino un dolor mucho más vasto y oscuro que la envolvía como una sombra imposible de eludir.

Desde la fragua, Carlos Daga la observaba con una mirada que reflejaba comprensión. Él mismo, forjador de espadas durante años, conocía bien la naturaleza del dolor. Había visto a muchas almas pasar por su taller en busca de armas y protección, pero también había observado cómo el verdadero combate muchas veces no era contra un enemigo exterior, sino contra los propios demonios que habitaban en cada uno.

—El dolor es parte de lo que somos, Alex —le dijo, con su voz profunda y resonante—. Sin él, no comprenderíamos ni la dulzura ni la ternura de la humanidad. Es como el fuego que purifica el metal en la forja. Dolor y fortaleza son dos caras de la misma moneda.

Alex escuchaba, pero en su mente bullían preguntas y dudas. ¿Cómo era posible que algo tan sombrío pudiera ser parte esencial de la vida? Había aprendido a combatir el miedo, a enfrentar el peligro y a tomar decisiones difíciles en el campo de batalla, pero esta batalla, la del dolor interno, era diferente y más compleja. Cada día, el peso de esa tristeza silenciosa se hacía más evidente. Intentaba, sin éxito, evadirla o ignorarla, como si pudiera alejarse de una sombra que no la dejaba.

Carlos observó su inquietud y, tomando una pausa en su trabajo, se acercó a ella. Con una mezcla de ternura y firmeza, le explicó que el dolor, más que ser una adversidad que debía eludir, era una experiencia inevitable y profundamente humana.
—Cuando no conocemos el dolor, no sabemos realmente lo que significa vivir. No porque se trate de un sufrimiento necesario —dijo Carlos, el espadero—, sino porque el dolor nos muestra con claridad quiénes somos y lo que realmente valoramos.

Carlos había hablado muchas veces sobre el pensamiento estoico, y Alex recordó las enseñanzas de los sabios de la antigüedad, aquellas lecciones que le había transmitido en momentos de dificultad. Para los estoicos, el dolor era una prueba de la capacidad humana para soportar, crecer y, en última instancia, encontrar paz en medio de la tormenta. Séneca, uno de los grandes pensadores de esta filosofía, decía que el mayor obstáculo para la vida es temerle al dolor; si lo enfrentamos, podemos aprender a sobrellevarlo, y en algunos casos, incluso encontrar significado en su presencia.

A medida que la conversación avanzaba, Alex comenzó a entender que el dolor no era algo que tenía que eliminar, sino una experiencia que debía aprender a vivir. Cada sentimiento de pérdida, cada decepción y cada herida emocional formaban parte del camino que la llevaría a comprenderse mejor a sí misma y a los demás. Carlos le explicó que el dolor tenía el poder de revelarnos aspectos

de nuestra vida y de nuestra psique que de otro modo quedarían ocultos. En el dolor, se encontraba la semilla de la empatía, la posibilidad de conectar con otros a un nivel más profundo.
—A veces, el dolor puede ser nuestro mayor maestro, si nos atrevemos a escuchar —dijo Carlos, con una suavidad en su tono que solo alguien que había experimentado profundamente podía expresar.

Al observar a Alex, Carlos recordó una lección que había aprendido durante una época difícil de su vida, una época en la que también sintió que el dolor era una sombra imposible de disipar. Fue entonces cuando descubrió el valor de la conmiseración, no como una lástima hacia uno mismo, sino como un acto de ternura hacia los demás y hacia uno mismo. El dolor entendió en ese momento, era una oportunidad para acercarse a otros y para ser una fuente de apoyo y comprensión.
—Quien ha conocido el dolor verdadero —dijo—, tiene una capacidad especial para ver y sentir el sufrimiento de los demás. Eso nos hace más humanos, más sensibles a lo que otros experimentan.

Carlos le habló de cómo la ternura que surge del dolor puede transformar a una persona. Le explicó que aquellos que no han experimentado la tristeza profunda o el sufrimiento pueden vivir sin desarrollar un sentido de empatía hacia el mundo. Esa experiencia compartida del dolor crea una conexión, una comprensión que va más allá de las palabras. Dante Alighieri, el poeta italiano, decía que quien sabe del dolor, todo lo sabe, pues el sufrimiento es una ventana hacia la complejidad de la existencia humana.

Alex comprendió que en la ternura que surge del dolor había un poder transformador. Podía optar por dejar que el dolor la endureciera y cerrara su corazón, o podía permitir que se convirtiera en un puente hacia los demás, una fuente de empatía que le permitiera ayudar y comprender. Aunque no le gustara, debía enfrentar ese sentimiento, aprender de él y encontrar una manera de vivir con él sin que la destruyera. Carlos también compartió con Alex la reflexión de Friedrich Hebbel, un dramaturgo alemán, quien decía que somos tan pequeños como nuestra dicha, pero tan grandes como nuestro dolor. Era una frase que la dejó meditando. Hebbel remarcaba que, mientras los momentos de felicidad y placer tienden a ser fugaces, los momentos de sufrimiento y dolor tienen una profundidad que transforma a quienes lo viven. En esas experiencias adversas, la persona descubre su verdadera fortaleza, aprende lo que es capaz de soportar y, en muchos casos, sale más sabia y compasiva.

En ese instante, Alex sintió algo cambiar en su interior. Su percepción del dolor empezó a transformarse. Comprendió que el sufrimiento no era algo que debiera rechazar, sino un elemento que debía abrazar para poder seguir creciendo. La forma en que enfrentara este dolor determinaría su capacidad para amar, para compadecerse de otros y para vivir plenamente. Los días continuaron, y Alex Espada comenzó a ver cómo el dolor se manifestaba en los demás. Los habitantes del taller, sus amigos y compañeros, también lidiaban con sus propias sombras. Algunos tenían recuerdos de pérdidas pasadas; otros enfrentaban temores sobre el futuro. Al observar sus luchas, Alex recordó las palabras de Menandro, un comediógrafo ateniense, quien decía que ni buenos ni afortunados escapan del dolor en algún momento de su vida.

La vida estaba marcada por la inevitabilidad del sufrimiento, y el intento de escapar de él solo generaba una mayor resistencia. Era en la aceptación del dolor donde, al final, se encontraba la paz. Este era un concepto estoico esencial: comprender que el sufrimiento es parte de la naturaleza humana y que el verdadero poder radica en cómo uno elige responder a él. Carlos le había enseñado que había herramientas naturales para lidiar con el dolor, más allá de los placeres superficiales o las distracciones momentáneas. La fortaleza interior, la templanza, y la capacidad de aceptar lo incontrolable eran habilidades que, con práctica, podían volverse tan afiladas como la hoja de una espada bien forjada.

Alex aprendió que el dolor podía transformarse en dulzura cuando se permitía aceptar su existencia sin temor. Este era un conocimiento que compartían aquellos que habían pasado por experiencias similares y que podían ver la vida desde una perspectiva más profunda. Voltaire, un escritor francés, afirmaba que la dicha es solo un sueño, mientras que el dolor es la realidad. Sin embargo, este no era un llamado al pesimismo, sino una invitación a aceptar la vida en su totalidad, a abrazar la realidad tal como es y a encontrar la serenidad en esa aceptación. Alex sintió que el dolor le estaba enseñando una lección valiosa. La dulzura de la conmiseración, esa ternura que surgía al ver y comprender el sufrimiento de los demás, era un regalo que el dolor le había otorgado. No era una experiencia fácil, pero en esa empatía compartida encontraba una forma de conectarse y de servir a quienes también luchaban.

Con el tiempo, Alex Espada entendió que el dolor desvela el verdadero rostro de cada persona. Mientras que la felicidad o el éxito pueden ocultar o distorsionar la realidad, el sufrimiento muestra a la gente tal como es, sin adornos, sin máscaras. En esos momentos de adversidad, es cuando se revela la verdadera naturaleza de cada uno. Era en los rostros de sus compañeros, en sus ojos cansados y en sus manos temblorosas, donde Alex veía el verdadero valor de la humanidad. Sabía que la fortaleza no era la ausencia de dolor, sino la capacidad de seguir adelante a pesar de él. A lo largo de su viaje, Alex aprendió que, al igual que el acero, el alma humana se templaba y se fortalecía a través de la adversidad.

Al final, el dolor no era su enemigo, sino un maestro silencioso que la guiaba hacia una comprensión más profunda de sí misma y del mundo que la rodeaba. En ese proceso, descubrió que el dolor, lejos de ser una sombra a evitar, podía iluminar su vida, darle propósito y enseñarle el valor de la ternura y la humanidad.

CAPITULO X. SERENIDAD EN LA TORMENTA DE LA INCERTIDUMBRE

Creo que un hombre es un profesional
cuando puede hacer lo que debe hacerse
sin importar cómo se sienta por dentro.
Un aficionado es un aficionado
en su actitud emocional.
Un profesional es un profesional
en la forma en que piensa y siente
y en su capacidad para ejecutar
en las condiciones más difíciles.

Cus D'Amato

Alex Espada se encontraba en una encrucijada mental y emocional. A pesar de ser una guerrera preparada para cualquier batalla, había algo en el ambiente de incertidumbre y en la creciente sombra de los problemas que pesaba más que la armadura. Su capacidad de controlar su propia atención y centrarse en lo esencial estaba a prueba, y aunque su hoja podía enfrentarse a cualquier amenaza física, en su mente se libraba otra batalla, una que requería no de fuerza, sino de serenidad.

Era tarde en la noche cuando se encontró junto a la forja, con la mirada perdida en el calor rojizo de las brasas, una noche más en el hilo de las anécdotas y el compartir de la experiencia. A su lado, Carlos Daga, su mentor y el espadero, trabajaban en silencio, reparando una hoja. Alex observó el proceso: la precisión y calma con la que Carlos manejaba cada herramienta, indiferente al zumbido de la incertidumbre que rodeaba al taller. Carlos, al notar su inquietud, levantó la mirada y le habló en voz baja.

Antes que reinicie la BATALLA,
La historia de una profunda lucha de reconstrucción interior

—Un profesional sereno en la incertidumbre es aquel que no se deja arrastrar por las emociones pasajeras. La incertidumbre es el estado natural de la vida —dijo Carlos.

La cuestión es saber dónde llevas tu atención. La vida presentará múltiples estímulos. El ser humano será selectivo y electivo en función de sus intereses, necesidades o conocimientos previos. Las distintas tormentas dejan resaca y devastación en muchos casos, por lo que se requiere, antes que cualquier otra cosa, tener clama. En situaciones de crisis, cualesquiera que sea su origen, el reto radica en mantener las cosas con calma. Si bien es cierto, que la calma no soluciona problemas, permite una visión menos sesgada de la situación y tener una mejor condición para la toma de decisiones.

Para Alex, estas nuevas palabras de su ya maestro Carlos, resonaban como un eco distante. La incertidumbre siempre había sido un enemigo invisible en las diferentes etapas de la vida de Alex, uno que se colaba en sus pensamientos y provocaba que su mente divagara en todas direcciones, descontrolada. Sin embargo, al observar la calma inalterable de Carlos, empezó a vislumbrar un camino alternativo. Carlos le recordó que la filosofía estoica enseña que no son las cosas en sí mismas las que nos afectan, sino las opiniones que tenemos sobre ellas. "Las opiniones pueden atraparte en una maraña de dudas y miedos, pero también puedes transformarlas en tu guía," dijo, su voz serena y grave como el latido de un tambor distante.

Esa noche, Alex comenzó a cuestionarse sus propias opiniones, a tratar de verlas como hipótesis en lugar de hechos inamovibles. ¿Era real su temor a fallar, acaso fallaba tanto y tan seguido?, Era una construcción mental que se alimentaba de su propia incertidumbre, potenciada por sus miedos y reflejada a través de su conducta. En lugar de asumir esos pensamientos como verdades absolutas, los colocó bajo la lupa, analizándolos con la objetividad de un investigador que disecciona un problema complejo. —¿Son mis ideas generadoras de verdad?—

En su búsqueda de respuestas, Alex se encontró leyendo nuevamente a los filósofos estoicos. Epicteto había dicho que la libertad y la tranquilidad solo se pueden alcanzar siendo indiferentes a los lujos materiales y las comodidades externas. Este concepto de imperturbabilidad, o ataraxia, resonó en ella como un desafío personal. La imperturbabilidad no era una indiferencia insensible, sino una habilidad para centrarse solo en lo que era realmente importante y dejar de lado aquello que era pasajero o que escapaba a su control. Alex comprendió que su mente era el primer campo de batalla, el lugar donde debía cultivar la serenidad, independientemente de las circunstancias externas.

Carlos le explicó que el verdadero profesional, aquel que destaca no solo por sus habilidades, sino por su ética, no busca la estabilidad en las cosas externas. Es en su interior, en la fortaleza de su mente y la claridad de su propósito, donde encuentra la calma. Como la luz de un faro en medio de una tormenta, la serenidad de un verdadero profesional radica en saber que nada puede perturbarlo si él mismo no permite que lo haga. A medida que Alex se adentraba en la práctica de la imperturbabilidad, se dio cuenta de que la incertidumbre era solo una máscara para sus propios miedos. Había una práctica estoica que le resultaba especialmente útil: definir claramente esos temores. Una noche, con papel y pluma en mano, comenzó a escribir, nombrando cada uno de los miedos que la paralizaban.

Escribirlos fue un ejercicio para exorcizarlos, sacándolos de su mente y dándoles una forma visible. En el papel, esos temores se veían diferentes, más manejables y menos intimidantes. ¿Y si fallaba en su próxima misión? ¿Y si decepcionaba a aquellos que confiaban en ella? Al enfrentar cada uno de estos temores y definir lo que podía hacer para prevenir o reducir sus consecuencias, Alex experimentó una extraña sensación de alivio. A cada miedo, le contraponía una acción, una respuesta. Descubrió que, en lugar de resistirse al miedo, podía aceptarlo y, al mismo tiempo, trazar un camino claro para avanzar.

Carlos la observaba con una sonrisa tranquila, sabiendo que la práctica de enfrentar sus miedos y definirlos era un paso crucial hacia el dominio de sí misma. "Solo tememos lo que no comprendemos. Y cuando lo comprendemos, encontramos en nuestro interior los recursos para enfrentarlo," le dijo.

Los días pasaron, y Alex continuaba con su trabajo en el taller, cada vez más en paz con la incertidumbre y los miedos que antes la acosaban. Recordaba las palabras de Séneca, quien decía que la felicidad radica en disfrutar el presente sin preocuparse ansiosamente por el futuro. Esta era una lección profunda que la vida le había enseñado a través de los estoicos y que Carlos le había recordado.

La serenidad que buscaba no consistía en eliminar la incertidumbre o en controlar cada detalle de su vida, sino en aprender a encontrar satisfacción en cada momento, a vivir en el presente y a aceptar que algunas cosas siempre serían inciertas. Al hacerlo, sentía que recuperaba el control sobre su vida, porque, en lugar de ser una víctima de las circunstancias, se convertía en la arquitecta de su propio bienestar.

La importancia de atender solo a lo que era esencial se convirtió en una práctica diaria. Carlos le recordaba que la mente podía ser su peor enemiga o su mejor aliada, y que la elección dependía de su capacidad para redirigir su atención hacia lo que realmente importaba. La influencia de Alex se extendió entre sus compañeros de trabajo en el taller. Claudia Escudo, Tomás Marro y otros miembros del equipo comenzaron a notar su cambio. Había en ella una serenidad que antes no era tan evidente. No es que sus problemas o preocupaciones hubieran desaparecido, sino que los enfrentaba con una tranquilidad que inspiraba a quienes la rodeaban.

Carlos, observando cómo el ambiente del taller se impregnaba de esta nueva energía, decidió compartir su propia experiencia en la práctica del estoicismo. Les habló sobre cómo las dificultades de su vida lo habían llevado a entender que la verdadera fortaleza residía en el control sobre su mente y sus emociones, en aceptar la incertidumbre sin permitir que lo dominara.

El taller, que alguna vez había sido un lugar donde el estrés y la presión eran constantes, comenzó a transformarse en un espacio donde se cultivaba la calma y el propósito. Cada uno de ellos, a su manera, empezó a practicar la imperturbabilidad, encontrando en los principios estoicos una guía para enfrentar los desafíos de la vida.
A medida que Alex profundizaba en su práctica estoica, llegó a una comprensión aún más profunda: el control absoluto sobre la vida era una ilusión. Por mucho que se esforzara, nunca podría predecir todos los detalles ni eliminar todos los riesgos. La clave estaba en saber qué aspectos estaban realmente bajo su control y cuáles debía soltar.

Comprendió que el control excesivo era, en realidad, una barrera que impedía que las cosas fluyeran con naturalidad. Soltar ese control no significaba renunciar o abandonar su responsabilidad, sino confiar en su capacidad para adaptarse y enfrentar cada desafío con serenidad. Su vida se volvió más ligera, y la incertidumbre se transformó en una oportunidad para practicar la flexibilidad y la aceptación. Carlos le explicó que esta era la esencia de la libertad según los estoicos: saber que, aunque no controlamos el mundo, sí podemos controlar nuestra respuesta a él. La verdadera libertad no consistía en dominar el entorno, sino en liberarse de la necesidad de controlarlo.

Finalmente, Alex comprendió que su serenidad en la incertidumbre no solo era una fortaleza personal, sino también una cualidad profesional. Los verdaderos líderes y profesionales no solo se destacan por su habilidad o conocimiento, sino por su capacidad de mantenerse firmes y serenos en tiempos de dificultad. Cuando otros caen en el pánico o en la desesperación, el profesional estoico muestra una calma que inspira confianza y respeto. Había llegado a comprender que la verdadera excelencia en cualquier campo no solo se medía por la habilidad técnica, sino por la capacidad de mantener el control de uno mismo. En su trabajo, en sus relaciones y en su vida, Alex Espada aplicaba este principio, sabiendo que la serenidad era el arma más poderosa contra la incertidumbre y el caos.

Antes que reinicie la BATALLA,
La historia de una profunda lucha de reconstrucción interior

Así, su vida se convirtió en un reflejo de los valores estoicos que había aprendido. La serenidad en la dificultad, la capacidad de cuestionar sus propias opiniones y la libertad que sentía al soltar el control excesivo la llevaron a una comprensión más profunda de sí misma y de su propósito. El taller, con sus martillos resonando y el fuego ardiendo, se convirtió en un símbolo de esta serenidad. Cada vez que levantaba su espada o daba forma a una nueva pieza, recordaba que, como profesional y como ser humano, su verdadera grandeza radicaba en la calma con la que enfrentaba la incertidumbre y en la serenidad que transmitía a quienes la rodeaban.

CAPITULO XI. LA BELLEZA DE LAS CICATRICES

Lo único que es más perfecto que lo perfecto,
es aquello que se recupera
después de quiebre.

Kintsugi

Alex Espada caminaba por el taller, su hoja ya no tenía el brillo y la pulcritud de otros tiempos. Las batallas libradas habían dejado marcas en su filo, pequeños fragmentos que parecían recordar cada encuentro, cada momento en que se enfrentó al caos y la violencia. Había un aire de nostalgia en en el taller y las cicatrices, pero también un sentimiento de insuficiencia, como si ya no fuera la misma. Los tiempos habían sido complejos para Alex, su fallo, la pérdida de su guerrero, su avorágine pérdida de sentido y orientación que la llevó a una severa depresión, el trabajo, las ganancias, las pérdidas, la partida de Elena Molde después de años y años de servir al taller, la incertidumbre, el miedo, la angustia envuelta en la calma.

Sin embargo, en los ojos de su mentor, Carlos Daga, esas cicatrices contaban una historia diferente. Carlos observaba el metal dañado de Alex y veía algo que ella aún no comprendía. Para él, esas grietas, esos bordes irregulares, eran un testimonio de su fortaleza, de las batallas que había enfrentado y de las veces que se había levantado de nuevo. Para Carlos, las heridas eran punto de admiración, de entereza, de fuerza, de capacidad de resiliencia, de empuje, impulso. En la calma de una tarde, mientras el sol poniente teñía el taller de tonos dorados, Carlos se acercó a Alex, intentaba expresar lo que se veía a través de sus ojos, más no quería ser trivial y que el comentario se ahogara en la idea de un halago que no correspondía a la realidad, apoyado en su conocimiento, Carlos comenzó a hablar de una antigua práctica japonesa.
"Alex, ¿has oído hablar del kintsugi?"

La espada negó, intrigada por el término desconocido. Entonces, Carlos comenzó a contarle la historia de Ashikaga Yoshimasa, un antiguo shōgun japonés que había enviado sus tazones de té favoritos a China para ser reparados. Cuando los tazones regresaron, estaban arreglados con feas grapas de metal que desentonaban con la belleza de la cerámica. El resultado le desagradó tanto que buscó a artesanos japoneses que pudieran reparar sus tazones de una manera que honrara su esencia. Fue entonces cuando nació el kintsugi, una técnica que consistía en reparar las fracturas de la cerámica con resina mezclada con polvo de oro. En lugar de ocultar las grietas, los artesanos las resaltaban, convirtiendo cada cicatriz en una línea de oro que embellecía y daba carácter al objeto.

Carlos le explicó que el kintsugi planteaba una idea radical: las roturas y las reparaciones eran parte de la historia del objeto y, lejos de ocultarlas, había que destacarlas, honrarlas como un componente vital de su esencia. Cada fractura, al ser reparada con oro, embellecía el objeto, transformándolo en algo aún más único y valioso que antes de romperse. "No hay una belleza realmente excelsa que no tenga una anomalía en sus proporciones," citó Carlos, recordando las palabras de Francis Bacon.

Alex se quedó en silencio, dejando que la idea se asentara en su mente. Sus propias cicatrices, que ella había considerado por mucho tiempo defectos, empezaban a tomar una nueva dimensión. ¿Podía ser que esas marcas en su filo, esos recuerdos de dolor y lucha, fueran algo más que imperfecciones? ¿Podría ser que sus cicatrices, como en el kintsugi, contuvieran una belleza oculta que aún no había aprendido a ver? No hay belleza más grande que un ser humano reconstruido.

Esa noche, Alex no pudo dormir. La historia del kintsugi resonaba en su mente, invitándola a reconsiderar su perspectiva. Si cada cicatriz era una marca de su historia, entonces cada una de esas marcas era también una victoria, un trofeo de guerra, una prueba de que había sobrevivido a pesar de las dificultades. Pensó en las palabras del poeta Rumi: "La herida es el lugar por donde entra la luz." Tal vez cada una de sus grietas, en lugar de ser un recordatorio de los momentos de debilidad, era una puerta abierta a nuevas posibilidades, una invitación a aceptar la belleza de lo imperfecto.

Carlos había mencionado otro concepto: wabi-sabi, la sensibilidad estética japonesa que encontraba belleza en lo modesto, en lo imperfecto y lo decaído. Era una visión de la vida que aceptaba la no permanencia y que reconocía que nada en este mundo es perfecto. En lugar de resistirse a la naturaleza transitoria de las cosas, el wabi-sabi las abrazaba, viendo en ellas una melancólica belleza. "Hay una grieta en todo," recordaba haber leído alguna vez, "así es como entra la luz."

Al amanecer, Alex se dirigió al taller con una renovada convicción. Mientras trabajaba, sentía el peso de cada cicatriz en su hoja, pero esta vez no como una carga, sino como un honor. Comenzó a ver esas marcas con otros ojos, comprendiendo que cada una contenía una lección, un recordatorio de su fortaleza y de su capacidad de resistencia. "Mis cicatrices son parte de mi historia," pensó. "No son solo recuerdos de las batallas libradas, sino testamentos de las victorias obtenidas." Pudo percatarse que sus cicatrices eran trofeos de guerra le otorgaba una nueva perspectiva, una que la hacía sentir menos fragmentada y más completa. No tenía que ocultar sus cicatrices, sino celebrarlas, resaltarlas como lo haría un artesano del kintsugi.

Inspirada por el kintsugi, Alex comenzó a trabajar en una nueva rutina de entrenamiento, una que integraba sus limitaciones en lugar de ignorarlas. En lugar de intentar pulir sus cicatrices o de borrar sus marcas, empezó a trabajar con ellas, a adaptarse a sus puntos débiles y a construir una fortaleza que se nutría de sus experiencias pasadas. Mientras trabajaba, pensaba en la frase de Marco Aurelio: "La adversidad es una oportunidad para la virtud." Comprendió que cada herida era una oportunidad de aprender, de crecer, de convertirse en alguien más fuerte y sabio. "Al poner de manifiesto mi transformación, mis cicatrices embellecen mi historia," reflexionó. Sus cicatrices ya no eran algo que deseaba ocultar; eran su oro, su testimonio de vida.

Antes que reinicie la BATALLA,
La historia de una profunda lucha de reconstrucción interior

Con el tiempo, Alex Espada se convirtió en una inspiración para los demás en el taller. Carlos, Tomás Marro, Claudia Escudo y el resto de sus compañeros empezaron a notar un cambio en ella. Ya no evitaba hablar de sus heridas o de sus momentos difíciles. Al contrario, los compartía como parte de su historia, como una muestra de que la verdadera fortaleza no residía en la perfección, sino en la capacidad de reparar y embellecer cada grieta. Había recuperado su sonrisa con el tiempo y era cálido. Muchos encontraban en su presencia, persona y consejo respaldo y fortaleza.

Cuando uno de los aprendices se le acercó, inseguro sobre sus propios errores y fallas, Alex le contó la historia del kintsugi. Le habló de la belleza de las cicatrices, de cómo cada herida era una oportunidad para renovarse y de cómo, en la vida, no se trataba de evitar el dolor, sino de aprender a transformarlo en algo hermoso. "Recuerda esto," le dijo al aprendiz, "cada vez que sientas que algo en ti se ha roto, piensa en esa fractura como una oportunidad para crecer, para convertir esa herida en una línea de oro que embellezca tu historia." Al final la vida nos presenta oportunidades para generar nuestra historia, cada incidencia se abre como una posibilidad de dejar huella en la vida.

Alex había aprendido el poder de la transformación y la importancia de aceptar la imperfección, había sido una vivencia amplia, detallada, doloroso. En lugar de vivir en un constante intento de perfección, eligió abrazar sus errores, sus debilidades y sus miedos como partes esenciales de su ser. Cada cicatriz era un recordatorio de su camino, de los momentos en los que había sido herida y de aquellos en los que había encontrado la fortaleza para seguir adelante.

La filosofía del kintsugi, con su énfasis en la belleza de las cicatrices, se convirtió en una parte integral de su vida. Sabía que en algún momento enfrentaría nuevos desafíos y que su hoja podría sufrir más daños, pero ya no temía las heridas. Sabía que cada fallo, fractura o muesca era una oportunidad para repararse con oro, para añadir un nuevo capítulo a su historia, para convertir cada caída en una victoria de la que pudiera sentirse orgullosa. "La belleza de las cicatrices," pensaba Alex, "es que no ocultan el dolor, sino que lo transforman en una historia de superación."

Años después, cuando Alex Espada se convirtió en un símbolo de fortaleza para aquellos que buscaban inspiración y consuelo en el taller, su hoja llevaba un intrincado diseño de cicatrices doradas, cada una resaltada con el brillo del oro que simbolizaba su proceso de sanación. Sus compañeros veían en ella una representación viva del kintsugi, del arte de la reparación que no oculta las heridas, sino que las transforma en algo aún más valioso. Para Alex, cada cicatriz era un recordatorio de su viaje, de las batallas libradas, de las veces que se había quebrado y de las muchas más en las que había encontrado el valor de repararse. Como una obra de arte de kintsugi, su historia estaba marcada por la resiliencia y la capacidad de transformar cada herida en una línea de oro.

La vida, no se trata de evitar las fracturas, fallos o herídas, sino de aprender a ver en cada grieta una oportunidad para embellecer el alma. "Así como el kintsugi transforma la cerámica rota en una obra de arte," pensó, "mis cicatrices transforman mi historia en algo único y bello. Soy más fuerte, más sabia y más humana, gracias a cada fractura", lo que no te mata te fortalece, si eres consciente de la importancia de lo que representa el momento, el crecimiento, el desarrollo personal o la mejora.

CAPITULO XII. UN FARO QUE ILUMINA

Se necesitará naufragar alguna vez
para entender que no cualquier faro
es luz.

Esa mañana, el taller brillaba con una luz especial, no solo por el fuego que ardía en la forja, sino por la energía serena que emanaba de quienes lo habitaban. Alex Espada y Carlos Daga habían forjado algo más que acero: una conexión que trascendía el tiempo y las circunstancias. Junto al artesano, formaban un triángulo virtuoso. No había una jerarquía entre ellos, solo una armonía que fluía en cada golpe del martillo y en cada palabra intercambiada. Juntos trabajaban, compartían y se cultivaban mutuamente en la búsqueda de un propósito más elevado. Cada día era una oportunidad para aprender, reflexionar y crear, como si el taller fuera no solo una forja de acero, sino también de almas.

Alex Espada ya no era el reflejo de las batallas pasadas, ni el eco de un conflicto eterno. Su nombre había evolucionado hasta representar algo más profundo: transformación, resiliencia y sabiduría, cambio. Había dejado atrás la necesidad de competir, de empujar constantemente contra el mundo. Las batallas, que en otro tiempo definieron su existencia, ahora eran metáforas de un pasado que ya no tenía poder sobre ella. Más eran puntos de referencia que le permitían a Alex recordar que tenía una historia digna de ser recordada.

En su lugar, Alex había aprendido el valor de la coincidencia y la cooperación. Comprendió que la fuerza no siempre radica en el enfrentamiento, sino en la capacidad de construir puentes en lugar de murallas, de fluir en vez de resistir. Con cada día que pasaba, elegía sus energías con mayor cuidado, sabiendo que no todo esfuerzo era necesario, que no todo impulso requería ser seguido. Había encontrado en su camino algo más valioso que la victoria: el equilibrio. Había logrado desmistificar el bien y el mal y sus estructuras polarizadas, había aprendido que bueno, ni tan bueno y malo, ni tan malo. Al final la respuesta era una elección con todas las consecuencias que conllevaba.

El mayor obstáculo de Alex Espada no estuvo nunca en el acero que moldeaba ni en las batallas que libraba, ese llegó sin que se diera cuenta. Su problema se detonó en la historia que construyó desde sus ideas, creencia y los laberintos de su propia mente. Durante años, había combatido pensamientos que se erigían como barreras, narrativas internas que no eran reales pero que tenían el poder de atraparla y de generarle un poderoso miedo del que no tenía control. Esas historias, construidas por la ansiedad y alimentadas por el miedo con angustia, complicaban lo sencillo y tensaban lo fluido, sumiéndola en un ciclo de dudas, tristeza, culpa y autoincomodidad.

Carlos Daga, con su serenidad y sabiduría, le ofreció una clave para desentrañar ese caos interno. Le enseñó que no todo pensamiento merece ser seguido, ni siquiera atendido, que algunas ideas son solo ecos pasajeros que no necesitan convertirse en acciones. Le ayudó a comprender que las expectativas desmedidas, las que nos colocamos sin considerar nuestras verdaderas necesidades, son como necesidades irreales que surgen para desviaronos de lo que es es verdaderamente importante, son cargas autoimpuestas que a menudo nos desvían de la esencia de la vida.

Aprender a simplificar fue un punto de inflexión para Alex, dejar de rumiar el pensamiento, de darle vuelta a las cosas, de buscar eliminar el error. Descubrió que podía soltar las ideas complejas que no servían, desmantelar las expectativas que la sobrecargaban y elegir, en su lugar, una vida más ligera. Este cambio le permitió encontrar una nueva perspectiva, una que no buscaba controlar cada detalle ni anticipar cada resultado, vivir con poca o nula expectativa. Aprendió que en el acto de estar presente —en el calor del fuego, en el ritmo de un martillo golpeando el metal, en el resplandor fugaz de una chispa— había una belleza que antes no había percibido. Estar más presente en muchos lugares, darse oportunidad de disfrutar lo conocido y repetido en su vida en repetidas ocasiones.

El pensamiento sereno, ese arte de simplificar lo intrincado y abrazar lo cotidiano, se convirtió en el mayor triunfo de Alex Espada. Descubrió que la verdadera fuerza no estaba en la tensión perpetua, todo lo contrario, esa tensión era la forma como había aprendido y hasta que tuvo que generó crisis se revisó, hoy era notorio que dejaba resultados más satisfactorios esta capacidad de soltar y fluir, dejando espacio para que la vida se desplegara en toda su simplicidad y grandeza. Aprender a sorprenderse sin complicar las historias, respetar cuando las cosas no salen como las espero, no importando las razones, solo dándose la valiosa oportunidad de reempezar.

Alex nunca dejó de agradecer a Carlos por su compañía y apoyo constante. Su tiempo, su compañía, en ocasiones su silencia era confortable, sus preguntas con amplios silencios, reflexiones, recuerdos, había sido un enorme compañero de vivencia. Había sido más que un guía; había sido un compañero en el proceso de reconstrucción y redescubrimiento, un faro que iluminaba incluso los momentos más oscuros. En cada conversación, en cada consejo, Carlos ofrecía algo más que palabras: una chispa que encendía la fuerza interior de Alex, mostrando que la grandeza no estaba en el acero ni en las victorias pasadas, sino en el crecimiento que nace de las adversidades. Con Carlos no había días predecibles, mucho menos historias terminadas, todo tenía un sentido, una razón, más no dejaba las respuestas, generaba en todo momento la reflexión, provocar la revisión de las ideas, de las creencias.

Su solidaridad había sido el puente que permitió a Alex cruzar del abismo de la desesperación al terreno firme de la dignidad, un lugar donde los errores no eran cadenas, sino peldaños hacia un horizonte renovado. Los errores dejaron de ser estructuras melodramáticas y se convirtieron en espacios de desarrollo y crecimiento. Carlos no solo había participado en el moldeado solo a una espada, sino a un ser capaz de reflejar fortaleza y humanidad, un ser resiliente, sentipensante, capaz de valorar y validar su vivencia desde múltiples espacios y aristas.

Antes que reinicie la BATALLA,
La historia de una profunda lucha de reconstrucción interior

Una tarde, mientras el fuego de la forja iluminaba sus rostros y la calidez del taller les envolvía, Alex se atrevió a expresar lo que había guardado en su corazón.

—Gracias, Carlos —dijo con voz firme pero cargada de emoción. —No sé si alguna vez podré devolver lo que me has dado, pero siempre llevaré en mí las lecciones que aprendí aquí—.

Carlos, con su semblante sereno y su sonrisa que destilaba la sabiduría de quien ha vivido más de lo que ha hablado, le respondió con una calma:

—Alex, no se trata de devolver, sino de transmitir. Lo que aprendiste aquí no termina conmigo; ahora es tuyo, para compartirlo con quienes lo necesiten—.

Alex asintió, comprendiendo que su proceso no solo había sido para ella misma, sino también para aquellos que un día encontrarían en su historia la inspiración para salir de sus propias luchas. La verdadera grandeza no estaba en el poder de la espada, sino en la capacidad de transmitir su luz a los demás. Reflejo de nuestras historias como referente, compartir y coincidir como medio y una valiosa oportunidad de ser mejor, vivir feliz y servir. La vivencia transformó el dolor, el pesar, la carga emotiva, en un motivo de aprendizaje que sería contínuo a lo largo del tiempo.

Con el tiempo, el nombre de Alex Espada se convirtió en más que una historia; se trnasformó un símbolo de cambio, de esperanza, y de la fuerza que surge cuando uno decide enfrentarse a sí mismo. Ya no era solo una espada creada en la forja, sino un referente para quienes buscaban superar sus miedos y descubrir la fortaleza que yace en el interior de cada ser. Alex representaba la capacidad de adaptarse, de resistir, de caer y levantarse, florecer, incluso en las circunstancias más adversas, como el metal que se templa en el calor más intenso para emerger más resistente y a base de golpe toma su filo para terminar como una espada de batalla.

En el taller, Alex continuaba su labor junto a Carlos y el artesano. Pero ya no era una arma de guerra que aspiraba a la gloria del combate, se había transformado en una herramienta lista para enseñar, compartir, coincidir, ahora era un ejemplo vivo de colaboración y equilibrio. La magia de esa triada no estaba en su fuerza individual, sino en la conexión que lograban juntos, en la armonía que encontraban al trabajar, compartir, y crecer. Cada proyecto, cada hoja forjada, era un testimonio de lo que podían crear cuando unían sus talentos y voluntades.

Alex había comprendido una lección que Carlos le había enseñado una y otra vez:

> *"La verdadera fuerza no radica en resistir, sino en saber fluir. La verdadera victoria no está en las batallas que ganas, sino en las que decides no librar."*

Estas palabras se habían convertido en una brújula para Alex. Aprendió que no todas las luchas eran necesarias, que elegir con sabiduría a qué enfrentarse y cuándo soltar era una forma más alta de fortaleza. Había trascendido la necesidad de probar su valor en el conflicto, encontrando en el acto de crear, colaborar y compartir una fuente más profunda de dignidad y propósito. Se había convertido en dueño de sus decisiones, luchar ya no era una necesidad latente, por lo que, no todas eran señales de responder, ni todo momento generaba la posibilidad de combate.

La historia de Alex Espada en la vivencia se convirtió en un referente entre aquellos que lo rodeaban, así como en aquellos que empezaron a reconocerlo por sus historias y referencias. Representaba un recordatorio de que la verdadera dignidad no reside en la perfección ni en los laureles del triunfo, sino en la serenidad de aceptar quién eres, con todas tus cicatrices y aprendizajes. Era un modelo de cómo el esfuerzo constante con orden, guiado por la sabiduría y la humildad, podía transformar incluso las heridas más profundas en una luz que guía a otros. En su andar, Alex compartía con quienes se cruzaban en su camino las enseñanzas que la habían llevado a este punto.

En su discurso, hablaba de la importancia de soltar las cargas innecesarias, de elegir tus batallas con intención y de encontrar paz en el simple acto de estar presente. Aprender a ver su entorno, disfrutarlo, adaptar sus ideas y sus necesidades al entorno, ser flexible en la posibilidad de error y sobre todo, firme en lo que representa su dignidad, dejando en claro que —No somos las luchas que libramos, sino las que decidimos no librar. No somos el peso que cargamos, sino lo que decidimos liberar —decía con frecuencia, sus palabras resonando como el eco de un martillo en el acero. Y así, Alex Espada continuó su camino, no como una espada que lucha, sino como una presencia que ilumina. Una prueba viviente de que la transformación es posible, y de que la dignidad se encuentra en el equilibrio, en la gratitud, y en el acto de compartir lo aprendido con los demás.

En un mundo lleno de prisas y tensiones, la figura de Alex Espada emerge como un faro de calma y propósito. Su historia no está marcada por una victoria final, ya que no existe esa victoria, sino plagado por un viaje continuo de aprendizaje y transformación. En su andar, Alex compartió con quienes cruzaron su camino las lecciones que la llevaron a encontrar la plenitud, no con respuestas fáciles o soluciones inmediatas, sino con verdades simples y profundas que nacían de su propia experiencia. Sus palabras, como el eco de un martillo sobre el acero, se convirtieron en recordatorios tangibles de que cada golpe, cada prueba, era parte del proceso de forjar algo más fuerte y duradero.

Alex decía con convicción:

"El peso más grande que llevamos no está en lo que hacemos, sino en lo que no soltamos."

Esta afirmación, aparentemente sencilla, encierra una sabiduría que trasciende generaciones. La vida moderna, con sus demandas y expectativas, nos empuja constantemente a acumular cargas emocionales, responsabilidades autoimpuestas y miedos innecesarios. En este contexto, la enseñanza de Alex es un llamado a la introspección: ¿Qué cargas llevamos que ya no nos sirven? ¿Qué miedos arrastramos que nos impiden avanzar? Liberar estas cargas no es un acto inmediato, sino un proceso de desapego consciente. En un mundo que valora el hacer por encima del ser, Alex nos recuerda que el verdadero alivio radica en soltar, no en acumular. Como un artesano que desecha las impurezas del metal para dejar brillar el acero, debemos aprender a desprendernos de aquello que no contribuye a nuestra esencia.

Otra de las lecciones que Alex compartía era la importancia de elegir nuestras batallas con intención.

> *"No somos las luchas que libramos, sino las que decidimos no librar."*

En un mundo obsesionado con la competencia y la conquista, donde conquistar pueblos es un común, dónde los éxitos son más valiosos que las pérdidas, esta idea desafía la norma. Alex comprendió que la verdadera fortaleza no reside en enfrentarse a todo lo que se cruza en el camino, sino en discernir qué vale realmente nuestro tiempo, energía y atención, si vale la pena perder la paz en una calentura. Elegir las batallas implica sabiduría y humildad, dos cualidades que Alex cultivó a lo largo de su viaje. Perder el impulso, controlar el ego y no dejarse llevar por la inercia y el ímpetu.

Esta enseñanza también resuena profundamente en el ámbito emocional. Muchas veces, nuestras mayores luchas no son externas, sino internas, el mayor enemigo no está fuera de nosotros, sino dentro: en las ideas, los pensamientos, las creencias infundadas en los errores que detonan frustración y en todo aquello que no va bien: los conflictos no resueltos, los rencores acumulados y las expectativas insatisfechas. Aprender a no librar estas batallas internas, a dejarlas ir, es un acto de liberación que nos permite vivir con mayor ligereza y claridad. Se requiere práctica, ¡definitivo!, no es simple.

Con el tiempo, Alex dejó de ser una espada que buscaba la gloria en el combate. Su transformación la llevó a convertirse en algo más valioso: una presencia que iluminaba. Ya no necesitaba probar su valía a través de enfrentamientos, porque había encontrado serenidad en aceptar sus imperfecciones. Esta serenidad, lejos de ser pasividad, era un reflejo de su fuerza interior, de su capacidad para adaptarse y crecer. Sus palabras, como el acero forjado en el fuego, eran claras y afiladas, pero también cálidas y acogedoras. Se convirtieron en un refugio para quienes buscaban orientación, una brújula para quienes habían perdido el rumbo. La verdadera fortaleza de Alex no estaba en su dureza, sino en su capacidad para adaptarse y en su voluntad de compartir lo aprendido.

En cada conversación, Alex transmitía una tranquilidad que no podía fingirse. Era el resultado de un profundo trabajo interno, de aceptar que las cicatrices no eran defectos, sino marcas de las lecciones aprendidas. Esta aceptación, a su vez, inspiraba a otros a mirar sus propias heridas con compasión y esperanza. El legado de Alex Espada es un testimonio de que la verdadera dignidad no se encuentra en lo que conquistas, sino en cómo eliges vivir. Su historia es una guía para quienes buscan transformar sus vidas desde adentro hacia afuera, para quienes desean encontrar equilibrio en un mundo lleno de ruido y caos. Alex no ofrecía soluciones mágicas, sino un camino claro hacia la autenticidad y la paz interior.

Sus enseñanzas nos invitan a reflexionar sobre nuestras propias vidas:

- ¿Qué cargas seguimos llevando que podríamos liberar?
- ¿Qué batallas estamos librando que podríamos evitar?
- ¿Cómo podemos encontrar serenidad en el simple acto de estar presentes?

Estas preguntas, aunque desafiantes, son el primer paso hacia la transformación. Como Alex solía decir, *"No somos el peso que cargamos, sino lo que decidimos liberar."* En un mundo donde la lucha constante presagia ser el "camino hacia el éxito", la historia de Alex Espada presenta una perspectiva diferente. Nos enseña que la verdadera fortaleza no está en resistir todo, sino en fluir con sabiduría. No está en ganar todas las batallas, sino en elegirlas con intención. Y no está en acumular, sino en soltar.

El legado de Alex no es una fórmula para el triunfo, sino una invitación a la reflexión y al cambio. Es un recordatorio de que la transformación es posible y de que cada uno de nosotros puede convertirse en un faro que ilumine, no solo su propio camino, sino también el de los demás. En sus palabras y en su vida, Alex Espada dejó una estela de luz, una prueba viviente de que la verdadera fuerza radica en la humildad de aceptar, aprender y compartir.

"La verdadera victoria no está en las batallas que ganamos, sino en las que decidimos no librar."

CAPITULO XIII. EL ARTE DE ENVEJECER, LA VICTORIA DE SOLTAR Y FLUIR

"Para volar hay que soltar aquello que nos pesa."

El taller brillaba con una luz distinta aquella tarde de fin de año, como si el fuego de la forja entendiera la solemnidad que se presentaría en el momento. Alex Espada, Carlos Daga y Claudia Escudo se encontraban reunidos, no para trabajar el metal, sino para reflexionar sobre el tiempo y el camino que los había llevado hasta allí. El aire estaba impregnado de calor, no solo del fuego, sino del calor humano, de la conexión que los unía. Habías vivido varias experiencias, momentos especiales y tiempos complejos, situaciones únicas en la vida.

Alex Espada, que en otro tiempo había sido una herramienta de combate, un arma letal, ahora se veía reflejada en los rostros de sus compañeros y en las marcas del acero que tantas veces habían trabajado juntos. Había pasado años aprendiendo a soltar la carga, controlar los miedos, darse la oportunidad, aprender la vida como un proceso. Sobre todo, controlar el ego, las expectativas irreales y las batallas innecesarias. Con cada golpe del martillo y cada destello de las brasas, había aprendido que envejecer no era perder fuerza, sino ganar perspectiva, amplitud en criterio y de opciones.

Carlos Daga, con su serenidad habitual, rompió el silencio.

—Envejecer es un arte, Alex. No se trata solo de aceptar el paso del tiempo, sino de comprender que cada etapa tiene su propósito. Morir no es el final; es la graduación, el paso decisivo hacia algo más grande—.

Alex escuchaba con atención los comentarios que recibía de sus compañeros. Sus días de enfrentamientos y luchas quedaban cada vez más lejos, y aunque había aprendido a fluir con la vida, esas palabras de Carlos resonaban en su interior como un eco profundo. La metáfora de la graduación le hizo entender algo que siempre había estado presente, pero que ahora se mostraba con claridad: la vida era una constante preparación para soltar, para ceder, para trascender. La vida es una oportunidad, donde decidimos lo que es valioso, importante, pero sobre todo la dirección que tomamos.

Claudia Escudo, que había sido una aprendiz apasionada y ahora era una maestra en su propio derecho, tomó la palabra. —El metal se enfría, el filo se desgasta, pero lo que permanece es lo que hemos creado juntos—, Alex. Este taller no es solo un lugar; es un reflejo de lo que somos y de lo que dejamos. Sus palabras estaban cargadas de verdad. El taller había sido testigo de su crecimiento, de sus momentos de duda y de sus victorias internas. Cada herramienta, cada espada y cada hoja forjada eran metáforas vivas de sus propios procesos. Alex Espada sabía que envejecer era inevitable, pero en lugar de temerlo, había aprendido a verlo como el pulido final que da brillo al acero.

Carlos añadió con una sonrisa:

—El tiempo es el maestro más paciente, y envejecer es el golpe final del martillo que define nuestra forma. Pero, como siempre digo, no somos lo que hacemos; somos lo que decidimos soltar—.

El fuego de la forja, que tantas veces había sido una herramienta para transformar el metal, ahora parecía un símbolo de algo más grande, un espacio de culto y de transformación. Alex observó las llamas danzantes y entendió que, al igual que el fuego consume lo innecesario para dejar lo esencial, envejecer era un proceso de purificación, una transición, un proceso.

—Morir es la graduación —replicó Alex en voz baja, como si masticara las palabras. Entonces levantó la mirada hacia sus compañeros—. Si envejecer es un arte, creo que nosotros hemos sido afortunados de practicarlo juntos. No somos perfectos, pero hemos aprendido a fluir, a dejar de resistir y a aceptar lo que somos.

Claudia sonrió con calidez.

—Y lo que somos, Alex, es más que el metal que forjamos. —Somos el legado que dejamos en los demás—.

Esa noche, mientras el año llegaba a su fin, Alex Espada sintió una paz profunda. Envejecer no era el fin de su propósito, sino la culminación de un proceso. Había aprendido que la verdadera victoria no estaba en las batallas que había ganado, era el cúmulo de lo que había pasado en su vida, toda decisión tomada, todas las decisiones, incluidas las batallas que había decidido no librar. Carlos, Claudia y Alex compartieron una última conversación frente a la forja. Hablaron de los aprendizajes, de las batallas internas y de lo que habían dejado atrás. Cuando la noche alcanzó su punto más oscuro, Carlos levantó una copa y dijo:

—Por el arte de envejecer. Que sigamos aprendiendo a soltar y fluir, hasta que llegue el momento de graduarnos—.

Fue en ese momento donde Alex comprendió que la vida, como el acero, se define en el proceso. Envejecer no era algo que temer, sino algo que honrar. Las imperfecciones daban grandeza, nos hacían diferentes, valiosos, únicos. Y morir, lejos de ser el fin, era el paso final en un viaje lleno de historias, dolores, ganancias, pérdidas, sueños, caminos, destinos.

CAPITULO XIV. LA HISTORIA CONTADA DESDE EL AUTOR

"La verdadera victoria no está en las batallas
que ganamos, sino en las que decidimos no librar."

Estas palabras no solo resumen la travesía de Alex Espada, el impulso, el fallo, el quiebre, la pérdida, el sentir abandono, la expectativa, el duelo. Si no que, de la misma manera, encapsulan una forma de vida profundamente transformadora. Partiendo de una historia mítica, en una metáfora damos referencia en un paso a paso con lo que pasa con Alex y sus compañeros de historia. La vida no es más que una serie de decisiones, y en cada una de ellas enfrentamos pequeñas o grandes batallas: internas, externas, reales o imaginarias. Los niños viven problemas, comparados con los adolescentes, pequeños, aunque para los niños sus problemas sean los más relevantes del momento, así nos pasa en cada etapa de vida.

Alex, a través de la experiencia, entendió esto en el tránsito de su más profunda batalla, no con su guerrero estando en riesgo de muerte o minusvalía, no contra sus fallos, no contra el mundo, sino contra sí misma. Muchas fueron a lo largo del camino las decisiones que tuvo que tomar, todas trascendentes, más aquellas que se presentaron cuando se sentía más vulnerable, fueron las mejores, pues reflejaban su miedo, su angustia y su necesidad de no fallar. Su viaje fue un enfrentamiento continuo y constante y, más importante aún, una redefinición de lo que significaba ser, estar, vivir, convivir y coincidir.

En su vulnerabilidad, después del fallo en la batalla, Alex Espada se convierte en un reflejo de todos nosotros. Cada uno, a su manera, ha sentido el peso de la angustia y el temor al fracaso, ha experimentado la devastación de una crisis que rompe lo que creíamos sólido, ha perdido lo valioso y se ha quedado en un vacío creado. Alex perdió más que una batalla externa; perdió la fe en su propósito, en su valor, y en el significado de lo que era ser ella misma. Pero como todos, también descubrió que dentro de esa ruptura existía la posibilidad de reconstruirse. Fue doloroso, difícil, más se necesitaba estar en el suelo para tener la posibilidad. Una vez ubicado en el suelo, presentar la opción de levantarse, dejando el resultado como opción.

En el más amplio de los sentidos, todos somos un poco Alex porque compartimos esa estructura de humanidad esencial: la lucha constante entre lo que somos y lo que queremos ser. El debate insistentemente con nuestro juez interno, ese que nos critica, nos corrige y en la mayoría de los casos nos descalifica. Queremos vivir felices, ser mejores, superar las sombras que nos impiden avanzar. Pero en esa búsqueda, olvidamos que la vulnerabilidad no es debilidad, sino una puerta hacia el crecimiento, si lo tenemos claro, pendiente y presente. Reconocer nuestra fragilidad es el primer paso para convertirla en fortaleza. Saberme vulnerable genera en sí mismo fortaleza, abre una posibilidad más amplia.

El viaje de Alex no fue un salto hacia la iluminación, sino un proceso, lento y muchas veces doloroso, de autodescubrimiento, de exposición con su vida, sus ideas, sus conceptos y cómo la vivencia en muchos de los casos no generaban coincidencia. Paso a paso, golpe a golpe, entendió que las heridas no son marcas de derrota, sino señales de que ha habido lucha, aprendizaje y transformación. Se permitió sentir su dolor, examinar su pérdida y cuestionar su ego. Y en ese proceso, aprendió una verdad esencial: el cambio no sucede de la noche a la mañana, no es un acto mágico; es el resultado de pequeños avances constantes. En ocasiones los retrocesos son estructuras que se presentan, en ese sentido, son parte del proceso, ni bueno, ni malo. El cambio no es un ejercicio lineal, por lo que es importante ver los errores y retrocesos como parte del todo.

Perder las batallas es opción, la guerra, NO. Al observar la historia de Alex, podemos preguntarnos: ¿cómo podemos aplicar esto a nuestra propia vida? La respuesta no es sencilla, pero comienza con la aceptación. En ocasiones vemos tanto lo que queremos, que dejamos de disfrutar, lo que somos, lo que tenemos, las decisiones que ya hemos tomado y los resultados de las mismas, por lo que en ocasiones se requiere respetar el tiempo como factor. Aceptar que estamos en un proceso, que los días malos no definen nuestra existencia y que cada paso, por pequeño que sea, nos acerca a una mejor versión de nosotros mismos. Que la disciplina y el orden representan una guía que es necesario no perder, para establecer, de esta manera, la resiliencia.

¿Podría ayudarnos esta historia? La historia de Alex Espada propone varias lecciones prácticas para afrontar nuestras propias batallas.

- Aceptar la vulnerabilidad: Como un punto decisivo, el reconocer que somos frágiles no nos debilita; nos libera. Nos permite enfrentar nuestros miedos sin negarlos, integrarlos en nuestra narrativa y convertirlos en una fuente de aprendizaje. Reconocernos vulnerables nos presenta como humanos íntegros y fuertes.

- Decidir con intención: Decidir, representa un gran reto. Hace muchos años escuché que "la peor decisión es la que no se toma". No todas las luchas merecen nuestra energía. Elegir qué batallas librar y cuáles soltar es un acto de sabiduría y cuidado personal. Es una elección que, más allá de las variables que se presenten, se ha decidido.

- Redefinir el éxito: Alex, en el trayecto de la historia, nos enseña que el éxito no representa ganar. A veces, el mayor triunfo está en retirarse con dignidad, en aceptar nuestras limitaciones y en buscar un camino que nos permita avanzar sin dañarnos. El éxito no se vincula directamente con que las cosas salgan bien, en este sentido, se requiere tener en claro que el éxito no es un objeto, un lugar, un punto en específico para este libro. Cada lector deberá tener en claro lo que representa éxito y vincularlo con lo que desea.

- Aceptar el proceso: La transformación es un viaje, no un destino. Permitirse avanzar paso a paso, sin expectativas irreales, es clave para alcanzar la paz interior. La vida es un proceso, requiere variables específicas, conceptos claves, puntos referentes, esquemas, modelo, método. Más vale paso que dure y no trote que canse, en eso es fundamental no perder las ideas centrales, no perder el objetivo, ni la idea a dónde quiero llegar.

- Valorar el presente: Alex encontró fuerza en el simple acto de estar presente, de soltar el peso del pasado y la ansiedad por el futuro. Permitirse un aquí y ahora es un acto importante, estar consciente de las variables que pasan en la vida. Lograrlo requiere práctica, constancia, dejar en claro el valor de estar en presente, en el lugar. Este enfoque, aunque simple, es profundamente poderoso.

La historia de Alex Espada no nos ofrece respuestas mágicas ni atajos hacia una felicidad utópica. Pero sí nos brinda algo más valioso: una perspectiva, una oportunidad. Nos invita a reflexionar sobre nuestras propias vidas y a considerar que las batallas que enfrentamos pueden ser oportunidades para crecer. En lugar de ver la crisis como un fin, podemos verla como un comienzo. En lugar de resistir el cambio, podemos aprender a fluir con él.

Pregúntate:
- ¿Qué cargas estás llevando que podrías soltar?
- ¿Qué batallas estás librando que podrías evitar?
- ¿Cómo puedes encontrar paz en el simple acto de estar presente?

La respuesta a estas preguntas no llegará de inmediato, pero el solo hecho de plantearlas es un paso hacia adelante. Como Alex, podemos permitirnos ser un poco más amables con nosotros mismos, aceptar nuestras imperfecciones y avanzar con la certeza de que, golpe a golpe, estamos forjando algo más fuerte y hermoso. La historia de Alex Espada nos recuerda que la vida no se mide por las batallas que ganamos, sino por la manera en que decidimos vivir. Al soltar, elegir y aceptar, podemos encontrar una forma de mejorar, no desde la perfección, sino desde la autenticidad. Y eso, quizás, es la mayor victoria de todas.

Bibliografía

- Eagleman, David. *Livewired: The Inside Story of the Ever-Changing Brain*. Pantheon, 2020.
- Hari, Johann. *Lost Connections: Why You're Depressed and How to Find Hope*. Bloomsbury, 2018.
- Holiday, Ryan. *Stillness Is the Key*. Penguin Random House, 2019.
- Kringelbach, Morten L., y Berridge, Kent C. *The Joyful Mind: Exploring the Neuroscience of Pleasure and Depression*. Oxford University Press, 2021.
- Pigliucci, Massimo. *How to Be a Stoic: Using Ancient Philosophy to Live a Modern Life*. Basic Books, 2018.
- Irvine, William B. *The Stoic Challenge: A Philosopher's Guide to Becoming Tougher, Calmer, and More Resilient*. W.W. Norton & Company, 2019.
- Lieberman, Matthew D. *Social: Why Our Brains Are Wired to Connect*. Oxford University Press, 2023.
- Medina, John. *Brain Rules for Aging Well: 10 Principles for Staying Vital, Happy, and Sharp*. Pear Press, 2018.
- Murray, Christopher J. L., y Vos, Theo. *Global Burden of Disease and Mental Health: Trends and Challenges*. Elsevier, 2022.
- Robertson, Donald. *How to Think Like a Roman Emperor: The Stoic Philosophy of Marcus Aurelius*. St. Martin's Press, 2019.
- Sapolsky, Robert M. *Behave: The Biology of Humans at Our Best and Worst*. Penguin Books, 2018.

D.AD. ANTONIO ARENAS CEBALLOS

Nacido en la Ciudad de Coatzacoalcos Veracruz en. septiembre de 1968, es Licenciado en Psicología por la Benemérita Universidad Autónoma de Puebla, es Maestro en Modelos de Gestión de Calidad por la Universidad del Valle de México Campus Tabasco y Maestro en Psicoterapia Gestalt Adultos por CESIGUE Jalapa Veracruz, Doctorado en Liderazgo y Alta Dirección por el Instituto Universitario Puebla Campus Tabasco y Doctorado en Psicología por el Instituto Alfa y Omega de Villahermosa Tabasco.

Formado en Terapia Breve Estratégica en el Mental Research Institute de Palo Alto, California, Especialista en Salud de la Adolescencia, OMS-UJAT, Live Coach Certificado, auditor del programa Hospital Seguro y del Modelo de Calidad en Salud. Es Instructor Certificado para la Secretaría de Salud de Tabasco en Calidad con los temas: Calidad en los servicios de salud, Momentos de Verdad, Manejo de Conflictos, Comunicación Asertiva, Seguridad del Paciente y Liderazgo Estratégico.

Docente en Universidades e Institutos del Estado de Tabasco, ponente y orador en Congresos, Encuentros, Seminarios y Foros. Fue subdirector de Salud Psicosocial y director de Calidad y Educación en Salud del Estado de Tabasco. Es Miembro del Comité de Ética del Estado de Tabasco, trabaja para el IMSS Bienestar Tabasco en el Hospital Regional de Alta Especialidad Dr. Juan Graham Casasus en el área de Calidad.

OBRAS DEL MISMO AUTOR

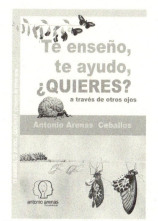

Te enseño, te ayudo, ¿QUIERES?
IMPRESIÓN 2022

Historias e histerias de lo cotidiano
IMPRESIÓN 2017

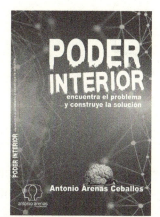

PODER INTERIOR. encuentra el problema y construye la solución.
2022

COMPETIR O COINCIDIR, el reto de construir relaciones sanas.
Diciembre 2023

**REGISTRO DE DERECHO DE AUTOR
EN TRÁMITE**

Queda estrictamente prohibida la reproducción total o parcial de este libro por cualquier medio electrónico, mecánico, auditivo, video o digital, sin autorización por escrito del autor.

Antes que reinicie la BATALLA,
La historia de una profunda lucha de reconstrucción interior

D.AD. ANTONIO ARENAS CEBALLOS

Facebook / Youtube. Antonio Arenas PSICOTERAPEUTA
Twiter. @AntonioArenasC3
Instagram. Antonio Arenas Ceballos
arenaspsicoterapeuta.com

MEXICO

Copyright © 2024 Antonio Arenas Ceballos
Todos los Derechos Literarios Reservados.

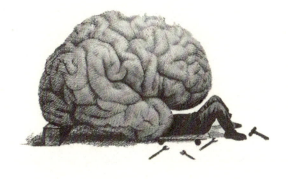

Made in the USA
Middletown, DE
07 January 2025

68308937R00117